女子面《ジョシメン》！

CAが教える
面接必勝BOOK

長尾　円

ブックマン社

まえがき

私が初めて、人前で就職に関しての話をしたのはまだ19歳のときでした。短大の就職課から「JAL・ANAの2社から客室乗務員として内定をもらった経験を、就職活動を控えている学生たちに話してくれないか？」という依頼を受けたのです。

また、1対1で就職相談を受けるようになったのも同じ頃でした。内定後、客室乗務員向けの就職対策スクールでアルバイトをしていた私のデスクに受験生がやってきては、「書類の添削をしてほしい」「面接で話そうと思っている内容を聞いてほしい」と言われるようになり、就職活動への不安や悩みまで聞くようになりました。

その後、フライトに出るようになってからも、ご恩返しと昔の自分と同じような人たちの役に立てるのなら……という思いから、ライフワークとして講師を続けています。こうしたサポートをずっと続けてこられたのは、お会いする方々がキラキラと輝く姿を見届けられる喜びと、何よりも内定の報告をいただいた瞬間のとびきりの笑顔があるからです。

今までサポートさせていただいた皆さんの内定先は、国内航空会社、外資系航空会社をはじめとして、超難関といわれる一部上場企業のほとんどを網羅しています。受験生は航空業界だけではなく様々な業界での就職活動も同時に行っていますが、客室乗務員として内定をもらえる人は、本命の航空会社を受験するまでに大抵いくつもの内定をもらっています。こうした結果からも、どんな企業の面接官から見ても、仲間に迎え入れたいと思わせる人がよい返事をもらえるのだと思います。業界によって多少の違いはあるにせよ、基本的に面接で見られるポイントは同じ。私が今まで伝え続けてきた事は、何も航空会社の客室乗務員採用試験だけに特化した内容ではないと気が付きました。

企業は、学歴や能力だけでなく、実際に会ってみないとわからない人柄、意欲、そして何よりもその人から感じる「可能性」を見て合否を決めています。「あなたがどんな人なのか？」つまり、「あなたらしさ」を知りたいと思っているのです。そのせっかくのチャンスに、あなたが普段の人となりを伝える努力をせずにいると、企業も内定を出すことができません。

この本には、今まで私が講師として受験生の皆さんにお伝えしてきた内容を、50のキャッチフレーズでまとめ、どの企業の面接試験でも役立つように再構成しました。そして、型にはまることなく、応用が利くように「なぜそうした方がよいのか？」という理由も簡単にお伝えしています。

この本は、決してマニュアルではありません。私が客室乗務員時代に出逢った国内外の様々な仲間やお客様、知らない土地の人たちと気持ちよく話ができるように心がけていたことと、「ミュニケーションについて学んだ専門知識を読者の皆さんにとって「人生の転機」となる大切な面接の場面で応用してほしいという願いを込めて書きました。

この本を手にとってくださった受験生の皆さんが、運命の相手（就職先）と結ばれることを祈っています。

はじめに

本編に入る前に、面接のための心がまえとなる基本の５か条を紹介します。

この５か条は、面接や美しい立ち居振る舞いにおいてもっとも大切な基本の項目です。しっかり読み込んでください。

1条

挨拶ロボットになってない？

挨拶は子供のころから習っていることなので、誰でも型通りにできるものです。面接用に講義やセミナーに通っている人ほど、その形は美しいもの。声も大きくてよく通り、笑顔もあります。けれども、なんとなくしっくりとこないことも多くあるものです。その理由は、その人の気持ちが伝わってこないから。面接官はそういう形式だけの挨拶とそうではない本物をすぐに見抜きます。

では、挨拶は何のためにするものなのでしょうか？　挨拶は単に面接室に入ったらするものではなくて、その場の状況や面接官との距離に応じて、相手の目を見て、心を込めてするものです。儀礼的なものではなく、「心を通わせる第一歩」ということを決して忘れずに、何よりも大切にしてください。

2条

笑顔のつもりは、笑顔じゃない

自分では笑っているつもりでも、客観的に見るとまったく笑顔になっていないということがあります。面接の場は緊張するものですから、それも仕方がないのですが、やはり笑顔は相手との心の距離を縮める大切なもの。自然な笑顔が出せるように準備をしておきましょう。本来、笑顔というものは力が入っていないものです。ただ口角を上げているだけではダメ。目元も笑ってこそ笑顔なのです。それには心のリラックスが必要なのですが、なかなか難しいですよね。

客観的に自分の顔を見るには、ビデオや携帯電話を使って録画してみましょう。自分では笑顔でいるつもりが、ただひきつっていただけということに、びっくりする人も多いはずです。でも、「この場に呼んでいただいてありがとうございます」「(面接官の方と)お話ができて嬉しいです」という気持ちを持てば、自然と嬉しさが表情に出ます。無事、エントリーシートやSPI試験をクリアし、ようやく面接のチャンスをもらえたこと、その瞬間をイメージトレーニングしながら、録画をしてみましょう。何度も繰り返していると、顔の筋肉に無駄な力が入っている自分に気がつきます。どこに力が入ってしまうのかが分かれば、それをひとつずつ直すだけ。繰り返すことで、自然な笑顔が出せるようになります。この訓練には、時間がかかる人もいるようですが、誰にでも必ずできること。今すぐにでも始めてください。

3条

ギラギラよりもキラキラを

自分をアピールすることに慣れていない私たち日本人は、自己PRをする場面になると、意識し過ぎるばかりに、あまりおすすめできない方法をとってしまうことがあります。「なんとしても勝たなくては！」という気持ちから、一緒にいる人をライバル視し過ぎてしまうのです。もし集団面接を5人で受けていたら、「5人一緒に受かるといいな」くらいの余裕を持って臨みましょう。

あまりに気持ちに余裕がないと、自分をよく見せようとするあまり、ウソをついてしまったり、ハングリー精神を通り越した必死さが全面に出てきます。そういう態度を目の当たりにした面接官は「私利私欲に走っていそう」「怖い」という印象を持ってしまいます。

そのような状態をよくあらわしている言葉が「ギラギラ」です。ガツガツとして殺気立った様子ですよね。面接の時は「ギラギラ」ではなくその対極にある「キラキラ」としたやさしく、たおやかな態度で受けるのがよいのです。

4条

目指せ！　キレイな花嫁さん

面接は自分のために用意された特別な時間です。そのとき、どのように振る舞えばよいのでしょうか？　私は「花嫁さんになったつもりで面接を受けて」とアドバイスしています。花嫁さんからイメージする言葉は「清潔感」や「上品さ」など、まさに面接の時のお手本そのものです。

花嫁さんはもちろんその日の主役です。女性らしい美しさが全身にあふれ、輝いているもの。面接の場も同じことです。あなたの話を聞くために、あなたを見るために、面接官は時間を割いてあなたの前に座っているのです。

面接が苦手という人はこう考えてみてはいかがでしょう？　運命の相手（＝希望する企業）との幸せがこの瞬間から始まるんだ、と。そんな風に思えたらならば、緊張する面接もすこし楽しく、待ち遠しくなってきませんか？

5条

聴いて、真似て、繰り返す

面接で自分らしさをアピールできるようになる為には、経験者や上手に振る舞える人の様子を見て、その真似をする事が最も有効な方法です。これが「自分ひとりでは、できない！」と思い悩む受験生も少なくありません。そんな人の中には、就職対策用のスクールに通う人もいます。ただ、第一志望の企業から内定をいただく為に、どうしてもスクールに通わなくてはならないとは言えません。この本を手に取ったあなたは、もしかしたら時間的にも、経済的にも、そうしたスクールに通うことができずに思い悩んでいる人なのかもしれません。でも、あきらめないで！　真似すべき人は他にもいます。

ていねいでわかりやすい話し方は、報道番組のアナウンサーを真似てみるとよいでしょう。笑顔や立ち居振る舞いは自分がステキだなと思う女優さんの真似で充分です。街で人間ウォッチングをしてもいいかもしれません。きれいな所作だなと思わず目がいくような人を見つけたら、よく観察してみて「なぜ、きれいだと思ったのか」を自分なりに分析してみるのもひとつの手です。

そして真似する時はその様子をビデオや携帯の動画で録画してチェックすること。カメラを通すことで、客観的に見直すことになり、自分の癖や改善点を見つけることができるのです。この方法を何度も繰り返すことで、自分ひとりでも、面接対策をすることができます。たったこれだけでも、あなたの面接が、成功へぐんぐん近づいていくこと間違いなしです！

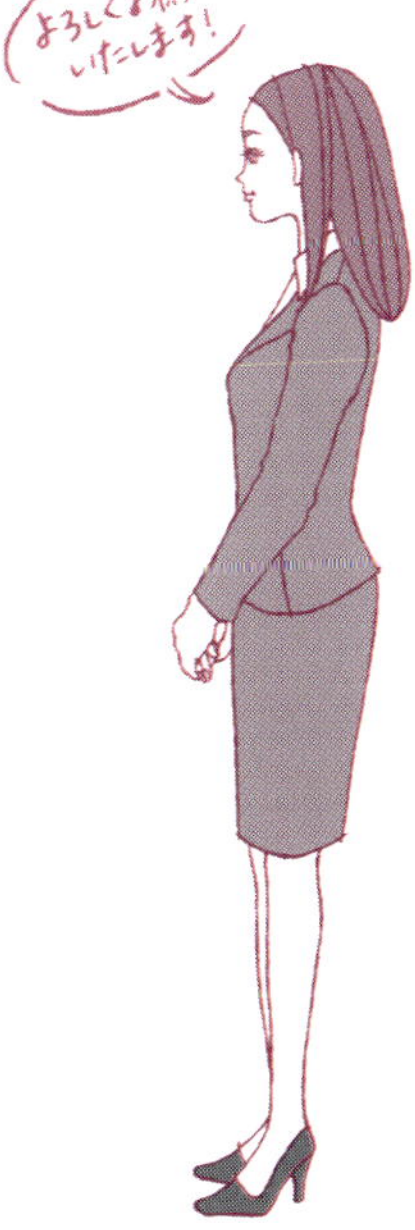

目次

第2章 声の出し方と表情

第3章 面接

第4章 困ったときは…

第5章 身だしなみ

第1章

立ち居振る舞い

ノック

01 ノックひとつで見抜かれる

模擬面接セミナーを行う際、私はノックにかなりの時間を割きます。すると、受験生から「そんなに重要なことですか？」と質問されるのですが、その通り。ノックはとても大切な動作なんですよ。
　ノックは、相手の許可を得るために行う動作です。元気さをアピールするため、力強くたたきすぎると相手が驚いてしまいますし、早くたたくとせわしない印象があります。たとえば自分がトイレに入っているときのことを考えてみてください。強すぎるノックやせわしないノックをされたらどのように感じますか？　この場面でも同様です。「入ってもよいでしょうか？」という確認の合図なので、ゆったりと2～3回、やさしくノックしましょう。この入室前のたったひとつの動作で、部屋の中で待機している面接官は、あなたが『相手の状況を考えて行動できる人間かどうか』を見極めるのです。
　自宅で気持ちよく聞こえる大きさやリズムを練習するとよいでしょう。

POINT

1 ノックの回数は 2回でも3回でもOK！

2 ゆったりとやさしく、ドアの奥にいる面接官のことを考えてノックすること

ドアの開閉

02 気分は宝塚のトップスター

ノックが美しく決まったら、次はドアを開ける所作を考えます。緊張しているからといって、どこかの家政婦さんのようにドアの隙間から覗くようなマネをしてはダメ！　笑い話のようですが、本当にあったことです。

せっかくきちんとノックをして入室の許可をもらっているのですから、ゆっくりと大きくドアを開いて入りましょう。相手に堂々と全身を見せることで、自分を大きく表現することができます。そういった姿が面接官には魅力的に映るものなのです。

POINT

1 自信がないからと言って「謙虚になりすぎ」ない！

2 ゆっくり大きくドアを開き、堂々と振る舞う

03 前後には、おばあちゃんがっ！

ドアの形や位置は会場によって異なりますが、ノブは必ずあります。ノブの扱い方でも印象をよくすることができます。最初にドアを開けるのは片手でもＯＫ。しかし、その他の場面ではきちんと両手を使いましょう。ノブに近い手をメインに使い、遠い手はサポートをするように添えます。ドアを恋人だと思って寄りそうつもりですれば、簡単でしょう？　また、自分の前後に他の受験者がいる場合は、お年寄りがいるように接してください。前に人がいる場合は後ろからドアをそっと押さえたり、後ろに人がいる場合はドアを押さえながら目で入室したかを見届けたりと常にまわりに気を配りましょう。

POINT

1 近い手メイン、遠い手サポート

2 前後の人への気配りを忘れずに！

立ち姿

04

糸で引っ張ってますから

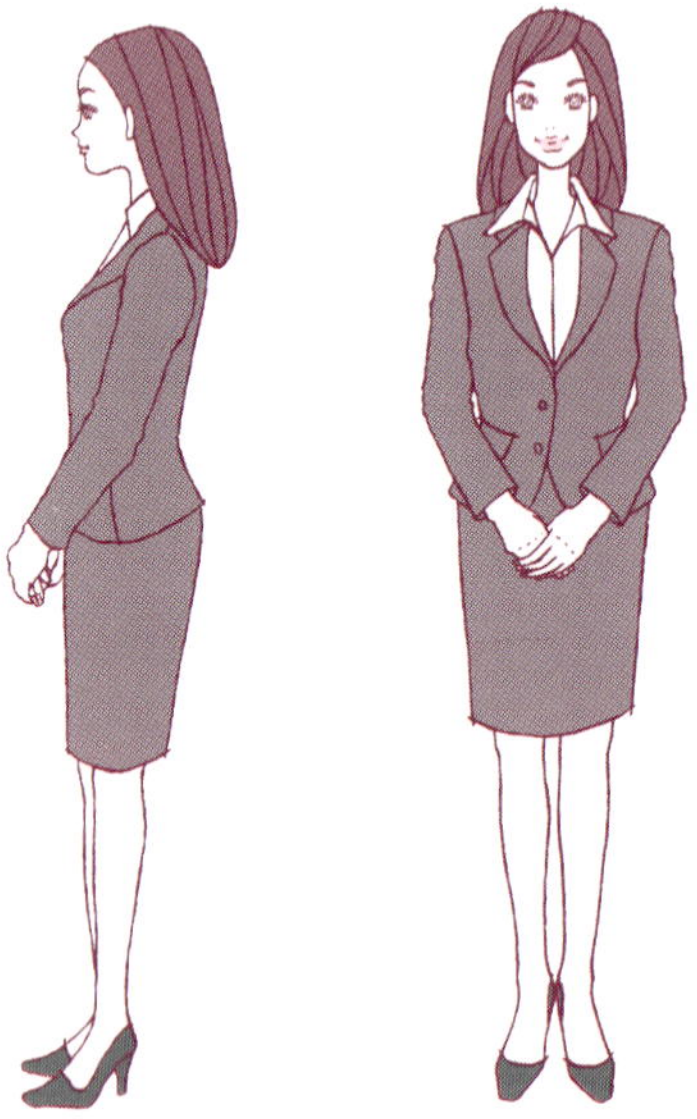

POINT

1 ななめ前髪、荷物を持つ手のクセに注意！

2 自分では気付かないクセがないか、家族や友人にチェックしてもらいましょう！

天井からピンと糸を張ったあやつり人形を想像してください。それが面接における美しい立ち姿です。串刺しになったようなこの姿勢は背筋がまっすぐ伸びているので、自然と胸を張り、堂々とした印象を与えます。うまくできない人は、壁を背にして頭、肩、お尻、かかとをつけた状態で立ってから、そっと一歩前へ出てみて身体で覚えてしまいましょう。

しかし、まっすぐにしたつもりでも生活習慣のせいで肩が片側に下がってしまう人も多いはず。重い荷物を片側に持つクセがある人は持つ側の肩が上がりますし、小さなバッグを持つ人はその手の側が下がります。また、女性の場合はななめに流した前髪にも注意しましょう。目にかからないように首を傾げるクセがついてしまいがちです。肩がまっすぐになっていても、首が傾いていたら台無しです。そのようなクセのある人は、バッグを持つ手を逆にしたり、髪型を変えるなど、生活習慣を早めに改善しましょう。

05 目につくのは、先端ばかり

全身を面接官の前にさらすとき、特に目に付く箇所は先端です。先端とは、たとえばアゴやヒジ、指先、足先、毛先などのこと。これらの先端が美しくおさまっていないと、そこばかりが目につきます。

まずアゴは前に出してしゃくれないようやや引いておきます。次にヒジが上がりすぎていると緊張して見えますので、自然に力を抜きます。指先は開いていると、子供っぽく見えるのできちんとそろえましょう。また、かかとをつけずに足が開いていると、ヒザの間に隙間ができてO脚に見えてしまいます。そして女性に気をつけてほしいのは、毛先。肩に触れて外側にハネている髪は、自分が思っている以上にだらしなく見えるものです。髪の毛はひっつめてまとめたり、ピンでとめたり、しっかり注意を払いましょう。髪の毛はいたんでいるとハネやすいので、日頃の手入れも大切です。さらに爪や靴のつま先、ヒールの状態にも気を配るとよいでしょう。

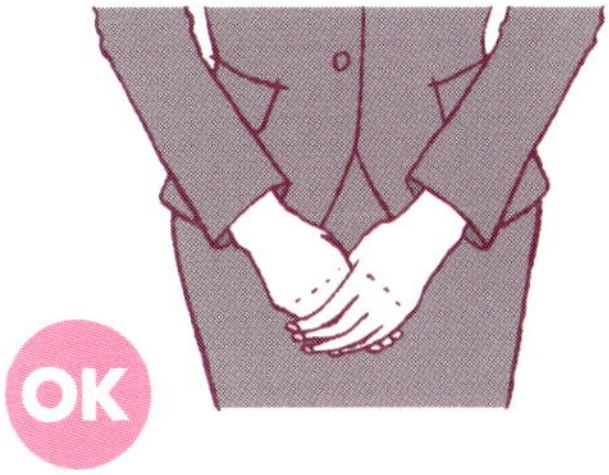

POINT

1. 頭のてっぺんから指先・つま先まで意識して！
2. 前髪、おくれ毛、毛先も注意！

06 先言後礼でアピールできます

POINT

まず声掛け、おじぎは後

これさえきちんとできれば、一次面接はパス！といっても過言ではないほど重要なのが「おじぎ」。質疑応答が上手くできなくても、おじぎがよかったから次に進めたという人もいるほどです。

「よろしくお願いいたします」という言葉と共にするおじぎは、先に挨拶の言葉を最後まで述べて、ゆっくりとおじぎをします。絶対に順序が逆になってはいけません。同時にするのも、うつむいたときの言葉がはっきりしなくなるのでおすすめしません。ただし、受験者が多いときなど時間がないと判断したときは、一人で時間を使いすぎないよう、まず挨拶を始め、追いかけておじぎをします。

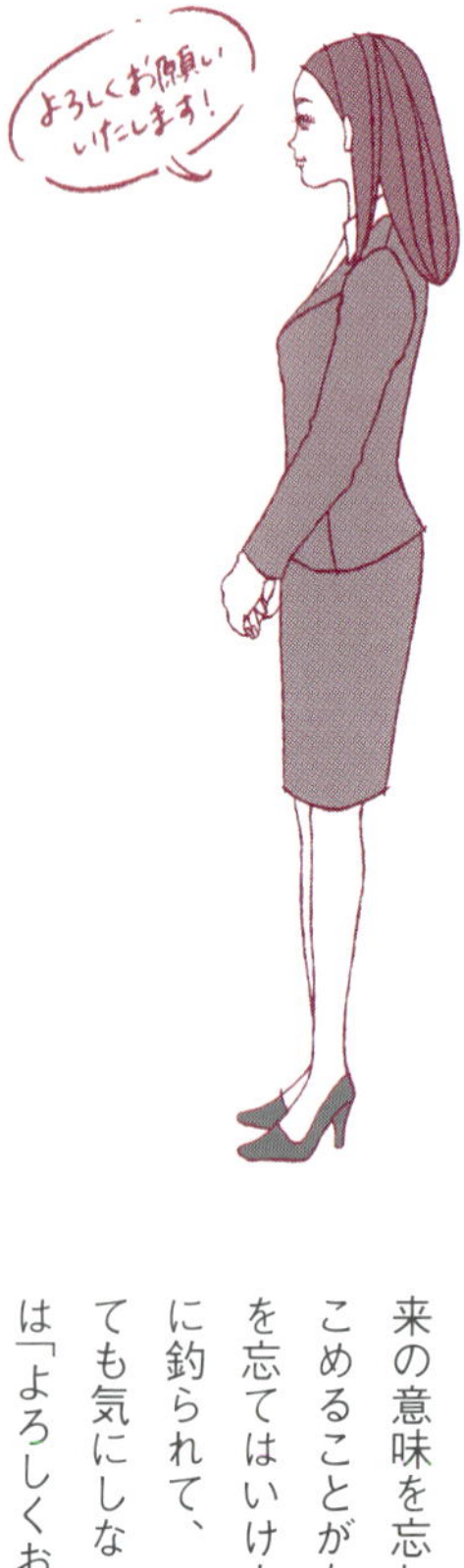

07 声掛けは、号令じゃない

おじぎの形や間ばかり気にすると、本来の意味を忘れてしまいがち。気持ちをこめることがなによりも大切ということを忘てはいけません。集団面接で他の人に釣られて、一人だけタイミングがズレても気にしないように。面接が始まる前は「よろしくお願いします」という気持ちを、終わったら「聞いていただいてありがとうございます」という感謝をこめた声掛けとおじぎをしましょう。面接官は形だけのおじぎや挨拶を見抜きます。おじぎの後、次の動作に移るときもあまりすばやくせずに、余韻を残しましょう。転換が早いと、気持ちが感じられません。この余韻は面接官がていねいさを確認する時間でもあります。

POINT

言葉には、ありったけの想いをこめて！

08 止めと余韻でおじぎは決まる！

おじぎの基本は「ていねいにする」こと。当然と思うかもしれませんが、意外にも上手にできている人はあまり多くいません。

その手順はこうです。きちんと止まったまっすぐな姿勢から、すばやくおじぎをして上半身を下げ、一旦止まります。それからゆっくりと上半身を起こしたら、まっすぐな姿勢できちんと止めます。ピタッ→サッ→ピタッ→ゆっくりあがって→ピタッの順です。電車にたとえるならば、行きは急行列車、帰りは鈍行列車の速度といったところでしょうか。

次におじぎの角度ですが、よく上半身をまっすぐにしてそのまま前傾するという記述を見ます。人体の骨格上、これは無理な話で、よろけてしまうのがオチ。そこで、私が指導しているのがミツバチのようにお尻を斜め上に突き出す方法。これだと自然に上半身が傾いて、きれいなおじぎをすることができます。

POINT

1. お尻を突き出しすぎないよう注意！
2. おじぎの最初と最後は笑顔で決めて！
3. 行きは急行、帰りは鈍行

歩き方

09

手は振らずに後ろに引くだけ

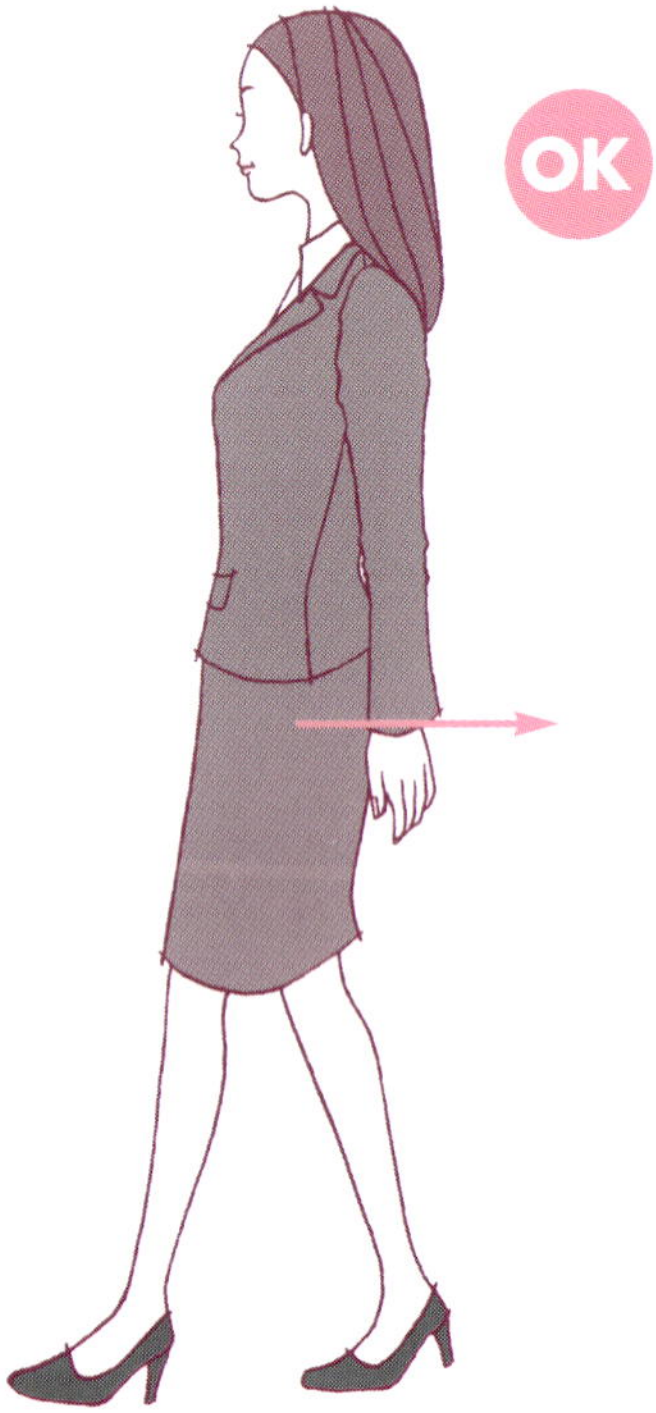

緊張しすぎて手と足が同時に出てしまったという先輩の話を聞くと、眉唾に感じられますが、面接の場ではそんな失敗もよくあることです。また、そこまではいかなくとも、元気のよさをアピールしようとして運動会の行進のように手を大きく振って、元気よく歩く姿もよく見かけます。勿論、どちらも不自然な印象を与えてしまい、マイナスポイントにつながります。

手は前に振るのではなくて、身体にそって軽く後ろに少し引けばよいのです。後ろに引けば、自然と前に戻りますからそれだけでゆったりと優雅な歩き姿に見えるはずです。

また、手はそっと体に添わせるだけでOK。指先をぴんとのばすことに意識がいきすぎて、横に広がってしまい。ペンギンのようなコミカルな歩き方になるのは避けましょう。

POINT

1 「行進」にならないように気をつけて！

2 手は身体にそって軽く後ろへ引く

NG

10 原始人にはならないで

歴史の教科書に載っていた人類の進化図を思い出してください。原始人はヒザや腰、背中が曲がっていて、前かがみ。しかもアゴが前に出て、手がだらんとしていて、まるでサルのようですよね。猫背になっていると、歩く姿もまっすぐには見えません。また、ひざが曲がったまま歩くと上半身がグラグラして、上下に弾むように歩いてしまいます。まっすぐな姿勢で美しく歩くだけで、バストアップ、ヒップアップ効果があり、ウエストはくびれてくるそうです。面接の為でなく、美しいスタイルを手に入れるつもりで頑張ってください！

POINT

1 堂々と胸を張って歩いて！

2 歩くときは、下腹を引っ込めて！

11 足は腰から生えてます

歩くときの歩幅にも注意しましょう。「背筋を伸ばして、ひざを曲げないで歩いて」と指導すると、歩幅が狭くなり、チョコチョコと歩く人がいます。これは足だけで歩こうとするから。足は腰から生えているので、腰から下全部を使って、大きなストロークで踏み出します。そのときに意識するとよいのが着地。まずはかかとをつけてから、つま先を徐々につけ、軽く蹴るようにしてもう片方の足に体重を移動するとスムーズに運べます。気をつけたいのは、あともう一歩のところまで来たときに、無理に大きな歩幅で移動しようとしないこと。無駄を省こうとする姿は、不精な印象を与えます。

POINT

足運びは、ひざ下からでなく、腰から！

12 目線は自転車に乗るときと同じ

入室してから席につくまで、歩いている間中ずっと自分の足元ばかりを見つめている人がいます。たしかに初めての会場ですから、足元が不安なのもわかります。でも、車が走るような往来ではないので危険物があるわけでもありません。下を向いていると、目線が下がり、どうしても自信なさげに見えるので、面接官によい印象を与えません。

目線は、自転車に乗っているときのように自然に移動する方向を見るようにしてください。ときどき面接官のほうに視線を向けるために顔だけを横に向けて、前をまったく見ずに歩いてしまう人や、退出の際に面接官にお尻を向けてはいけないと思って後ろ歩きで帰っていった人など、とんでもない人もいますが、勿論どちらも不自然なのでNGです。

POINT

気分は晴れた日のサイクリング。
晴れやかな気持ちで顔を上げて
前を見て進もう！

13

書類の受け渡し

手渡すしぐさも侮れない

POINT

1 真正面から両手でていねいに

2 渡すときの距離と高さに要注意！

書類などを手渡す際、担当者は「近くにおいで」と思っているもの。遠くから腕を伸ばすのは不自然ですし、受け取る側からしても不愉快。きちんと近寄って、相手の目線を遮らない高さに差し出します。荷物は脇に置き、書類を両手で持ち、相手の正面に立って渡します。書類を両手で持ったまま歩いたり、ブラブラさせたり、コートやバッグを持って片手で渡すのは言語道断！　もし書類が逆だったら「失礼しました」とやり直します。きちんと対処さえできれば、マイナスにはなりません。逆向きのまま渡すのはダメ。渡す相手が複数いる場合は、渡し終わった相手の前で半歩下がって黙礼し、改めて進行方向を向いて歩いて、次の相手の正面に立って渡します。隣だからと、横にずれてカニのように歩くのは禁止！

去り際は余韻を残すように。書類を渡すとき相手の目を見ますが、目きりが早いとせっかち、怖いという印象が残り、それまでの美しい振る舞いが台無しです。

すわり姿

14

座る姿は、セクシー&エレガント

服装については別の章でお話ししますが、たいていの場合はパンツではなく、スカートで面接に臨むことと思います。座るときにスカートのすそを払うしぐさに注意すると、ぐっと印象がよくなりますよ。両手で払うとまるで「どっこいしょ」といいながら座る巣鴨のおばあちゃんのようで美しくありません。ルパン3世の不二子ちゃんになった気分でセクシーに片手ですそを払います。横顔のアゴのラインを面接官に見せるようにイスの座面を目で確認するとさらに◎。目で確認すれば距離感が分かり、音を立てずに座ることもできますし、その女らしい様子はとてもエレガントに映ります。

POINT

1 すそは片手で払う

2 エレガントに目で見て確認

座ったら、次に注意したいのがジャケット。これはもう体の一部と心得ます。すそが曲がっていたり、はねていたら座る位置を調整しながら、きちんと直しましょう。

また、そろえた両足を置く位置の基本は、引くより出すことがポイント。90度にそろえるといいますが、それは男性の場合です。女性ならば、それよりも半歩前にそろえるほうがよりエレガントです。

よくななめに足をそろえたほうが美しいという人もいますが、それはキャラクター次第。人によっては水商売のような「プロ」っぽさを感じる場合もありますので、どんな場合でもウケがよいとは限りません。普段からその動作が身についている人や、O脚で前に足をそろえると隙間が開いてしまい美しく見えない人などはすこし傾けるのもOKですが、慣れない人は無理にする必要はありません。

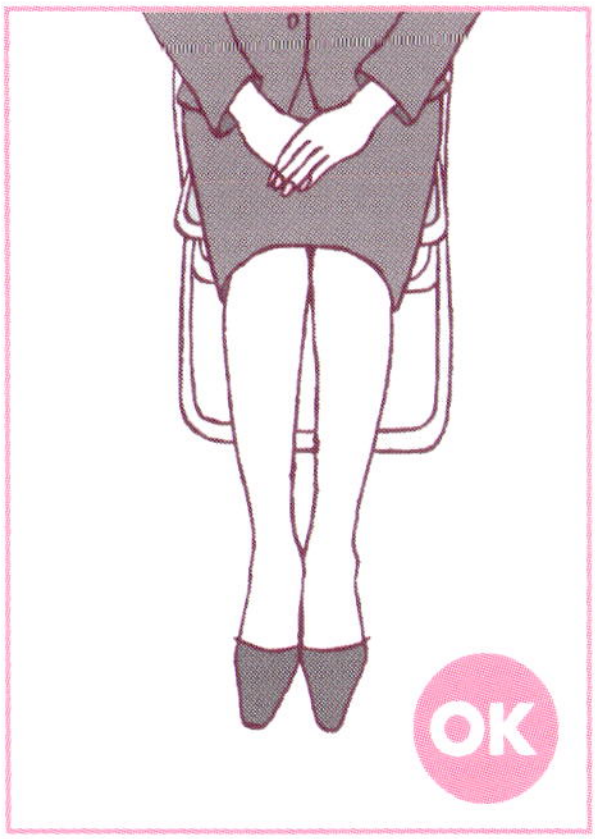

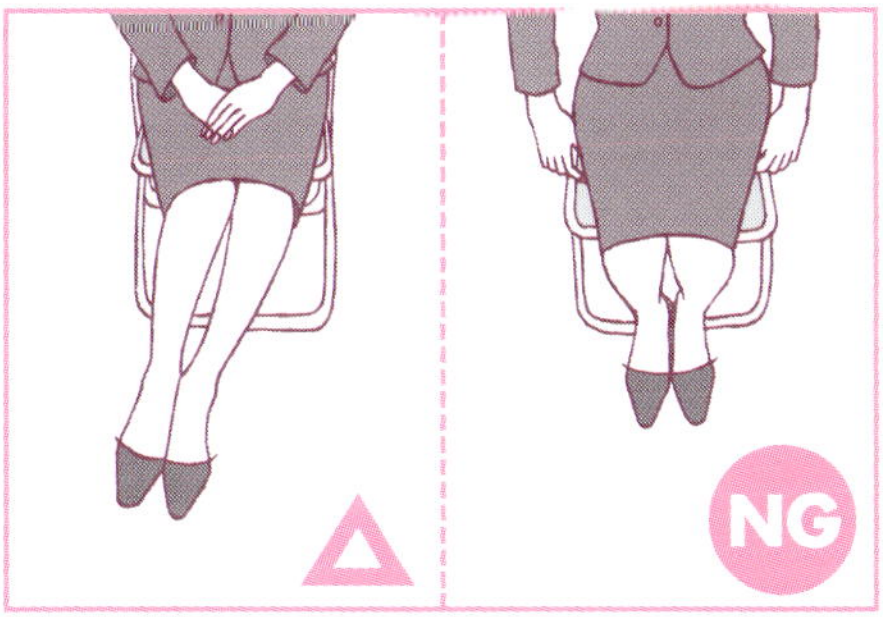

POINT

1 ジャケットのすそを正すのも忘れないで

2 足はひざ下をより長く、美しく見せる半歩前に揃える

15 位置決めひとつで違います

立ち去り方

16

お手本はスキーのジャンプ選手！

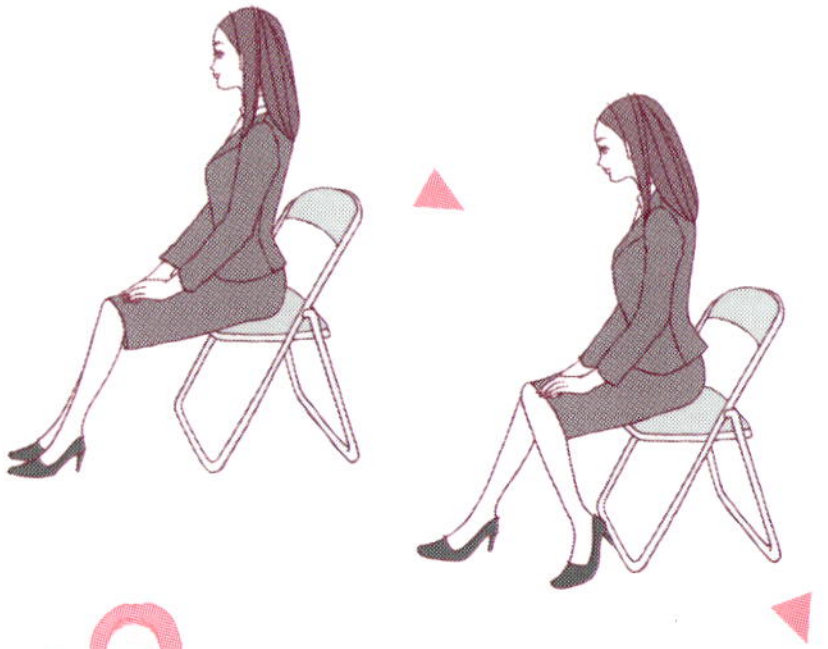

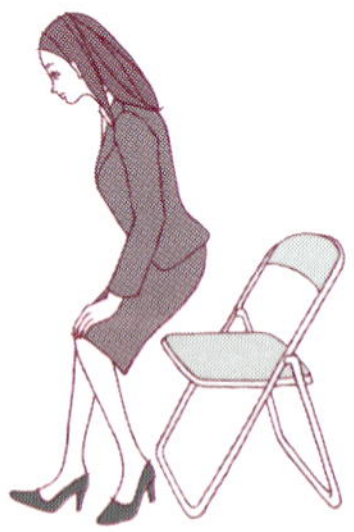

POINT

1 3ステップでサッと立ちあがろう！

2 片足を引く→ななめ前へ体重移動で立ち上がる→両足を揃える

イスから立ち上がるときの動作には、ちょっとしたコツがあります。しかもこれをマスターすれば、とっても簡単です。その動作は、たったの3ステップ。

まず、そろえていた足のどちらか一方を一歩引きます。次に引いたほうの足のかかとから前の足のつま先に向かって体重を移動します。最後に、スキーのジャンプ選手のようにななめ上に引っ張られるようなイメージを描くと、自然かつ美しく立ち上がることができます。

また、立ち上がると同時に前に出した足に両足をそろえると、ぐらつきません。足を引いて後ろにそろえるよりも、面接官に近づくほうが前向きな印象を与えることができます。

とくにアナウンサーやCAなど身長を高く見せたほうがよい職業の場合は、前に出ることでかなり有利になります。

17 嬉しそうに逃げないで！

よく「面接はこれで終了です」と告げられた途端、息をついて満面の笑みを浮かべる人がいます。たしかに、面接が終わったらホッとする気持ちは理解できます。しかし、面接は退社するまで終わりではありませんので気をつけてください。これではまるで面接の場が嫌で嫌で、早く帰りたくて仕方ないように見えます。

面接官に「あ、この子はもっと話したかったんだな」と思わせるぐらいでなくてはなりません。そう面接官が思ってくれたら、次の面接に呼んでもらえる可能性はぐっと高くなります。とはいえ、名残惜しそうにするために、だらだらとして貴重な面接時間を独り占めするような態度はマイナスです。

余韻は残しつつも、動きにはメリハリをつけてテキパキすることを心がけましょう。

NG

POINT

1 終わった途端に笑顔にならないで

2 退室時は、だらだらしないで
メリハリよく

18 自分が出ても終わりじゃない！

立ち上がり方も歩き方も完璧にこなし、いざ部屋を退出。他の人が出てくるまでドアの外で待っている、そんなときに緊張の糸が切れるものです。外に出た途端にへなへなと姿勢が崩れたり、私語をしたりとそれまでの態度が急変してはいけません。ドアの角度によってはその様子も面接官からはしっかり見えているのです。そしてあえてそういう姿をチェックする面接官もいます。そういうときは「もっともっと見つめて欲しいの」といわんばかりに最後まで気を抜かず、美しい立ち姿で、面接官のほうを向いて笑顔をたたえて静かに最後の一人が出てくるまで、待っていてください。

POINT

自分の出番が終わっても、面接は終わっていません！

19 あ～ら、ごめんあそばせ♪

集団面接だと、一人だけ他の人とタイミングがズレて慌ててしまうことがあります。しかし、「07 声掛けは、号令じゃない」（P.16）でも触れたように、そんなことはまったく気にしなくてOKです。もともと、初めて会った人たちばかりなのですから、タイミングがぴったりと合うはずがありません。おじぎをするタイミングや声掛けの言葉が多少、他の人と違っても「あ～ら、ごめんあそばせ♪」と鷹揚に構えて、気にしないで！　自分らしい言葉で語りかけてこそ、相手に通じるのです。

POINT

1 協調性は大切。でも、気にし過ぎなくてOK！

2 出遅れても、早すぎても焦らない

第2章

声の出し方と表情

声の出し方

20

第一声が最大の勝負！

面接において、最初に出す声は大切。第一印象は、その人の印象の9割を占めるといわれています。声は「ハキハキ、大きく」が基本です。

私自身も声が大きくて得をしたことはありますが、損をしたということはありませんでした。とくに面接の場では、緊張して声が小さくなり、ボソボソとした話し方をする受験生も多く見かけます。たとえ他の受験生の声が小さくても、最初のひと声には気合をいれましょう。

そして、もうひとつ気をつけたいのが、間の取り方です。慣れない面接の場に出ると、普段は適切な速さで話せる人でもつい早口になりがちです。小さい子供と話をして、怖がられない程度がちょうどよいスピードです。気持ちが急いで早口にならないように、ゆったりと大きな声で、面接官の心をつかむ第一声を発しましょう！

POINT

第一声で決める！

21 相手が2倍の距離に居たら？

POINT

声の小さい人は、相手との距離が2倍あると考えて！

会話をするとき、人は誰しも相手との距離に応じて、無意識のうちにボリュームの調節をしているものです。普段から声が小さい人や緊張すると声が小さくなる人は、相手と自分との距離が実際の2倍あると意識して、その距離まで届くような声で話すとちょうどよいボリュームになります。

　前項でも述べたように、声が大きすぎて損をするということはありません。恥ずかしがらずに、いつもより大きな声を出しましょう。

　ただし、大きな声を意識しすぎて、乱暴になってしまわないように注意してください。ハリのある大きな声はキープしつつ、あくまでも女性らしくエレガントに話すことを忘れないように気をつけましょう。

22 高すぎず、低すぎず…

声のトーンは人それぞれなので、あまりに極端でなければそれも個性のひとつです。しかし中には声が低くて悩んでいる人もいますよね。でも、低い声は頼りがいのあるセクシーボイスともいえます。悩んで声が小さくなるのは絶対にマイナスですから、ポジティブに考えて自信を持ちましょう。

ただし甲高く、キンキンした声は耳障りなものです。こういう人はゆったりと、少し間を開けて話をすると緩和されます。もし自分の声が客観的に判断できない場合は携帯電話の録音機能を使って、自分の声を聞いてみてください。

POINT

声のトーンも大切な
アピールのひとつ

23 口は大きく動かして！

口をあまり開かずに話をすると、モゴモゴと口ごもってしまい聞きづらいものです。口は大きく開けて話すようにしましょう。最初のうちは鏡の前で挨拶の練習をするとよいでしょう。自分の部屋では、誰も見ていないのですから、恥ずかしがらずに「あ・い・う・え・お」の形に口をあけてください。口を開けることを意識しながら鏡の前でエクササイズすると、表情筋も一緒に鍛えられるので、表情豊かに会話することができるようにもなり、一挙両得。また、舌足らずを気にしている人も、自然に滑舌よく話せるようになるので、おすすめします。

POINT

モゴモゴ、舌足らずでも、
口を大きくあけて話せばＯＫ！

24 目指すは歌姫！お経はアウト！

自己ＰＲや志望動機などは、どの面接でも必ず聞かれるものです。何度も答えているうちに完全に暗記してしまうことも少なくありません。

たしかに、しっかりと身についているのはよいことなのですが、一気に話そうとして抑揚のないお経のような口調になってしまう人がいますが、これはＮＧ。同じトーンの話は聞きにくく、耳にも残らないものなのです。

また、長い文章がダラダラと続くと、聞いている側も飽きてしまうので、「～で、～で……」と一文を長く続けず、適度に文を区切りましょう。かといって、単語と単語の間に不必要なブレスを入れると、相手にストレスを与えてしまいますので要注意。バラードを歌うようになめらかに、ゆったりと話すよう心がけましょう。

POINT

1 一本調子にならないように

2 ブツブツ切れないように

表情、顔のうごき

25

にっこり笑顔のポーカーフェイス！

POINT

1 困った時ほど、面接官の目を見て、にっこり笑顔になって！

2 一人反省会を開かないで

集団面接で面接官から質問をされて、前の人が先に自分が考えていたことと同じことを答えてしまいました。こんなとき「どうしよう?」「ヤバイ!!」とパニックになってしまいますよね。でも、困った顔、落ち込んだ顔、考えるのに必死な顔を見せるのはNG。面接官は質問者ばかりを見ているのではありません。あわてず、騒がず、にっこりと笑顔で待っていましょう。もし同じ答えを言われても、自分なりのプラスアルファをつければいいのです。そして、困ったときほど、面接官の目を見て、にっこり笑顔を意識して、落ち着いて話しましょう。

また、話し終わった直後に、「まずかったかな?」「失敗した」と一人で反省会を開いている人がよくいます。面接官にはそんな心の動きが手に取るようにわかるものです。たとえ上手く伝えられなかったときでも、気持ちを切り替えて、聞く態度でアピールするつもりでいましょう!

26 お〜い！どこ見てるの〜？

質問をされて、考えているとき視線は下に、逆になにかを思い出そうとするときは上になりがちです。しかし、視線があちこちに行ってしまうと落ち着きがないと思われますし、なにより面接官に対して失礼です。中には、なぜか面接官のメモする手元を必死に見ている人や、自分の考えをまとめるのに集中しすぎてボーッと空中を見ている人もいますよね。もちろん、どちらも不自然なのでNGです。とはいえ、じっと目を見つめ続けるのも無理があります。話をするときは相手の目元〜ネクタイの結び目辺りに視線を向けるとよいでしょう。

POINT

「目は口ほどに物をいう」ことを忘れずに！

27

エコひいき禁止！平等主義！

面接官が複数いる場合、特定の人とばかり視線を合わせているのもよくないことです。ついつい質問した人にだけ、一生懸命話してしまうことがありますよね。しかし、たとえ質問をしている面接官が一人だけだとしても、答えるときは全員に均等に視線を合わせてください。「私だってここにいるのに！」と無視された人は寂しくなるものですよ。

とくに面接の場では、立場が下の人が質問をして、決定権を持つ上の人は口をはさまずに聞いているだけ、ということもよくありますので、すみずみまで気配りを忘れないように気をつけましょう。

POINT

食事をしているつもりで
全員と会話して

第3章

面接

自分が主人公の15秒CMを作る

28 その一瞬を伝える!

「あなたが学生生活でもっとも打ち込んだことはなんですか?」という質問をされました。たとえば水泳を頑張っていたことを話すとしましょう。このときに大学生活のすべてを答えようとする人がいますが、水泳部の4年間をダラダラと話すのは、効果がありません。大会で優勝したエピソードやきつかった早朝練習など自分をアピールできる話題だけをフォーカスして話せばよいのです。

　その方が具体的な話になりますし、なによりも面接官への印象が強くなります。自分が主人公の15秒CMを作るつもりで、印象的なエピソードを選びましょう。

POINT

1 ストーリー全部を話す必要はナシ

2 山場となる場所をポイントに絞って、集中する

29 数字で示す!

POINT

1 あいまいな表現をすべて数字に置換

2 数字は記憶に刻まれる

　前項からつづくのですが、具体的な話ほど聞き手の注意をひきつけるものはありません。具体性はなんと言っても「数字」で表すことです。

　「幼少のころよりピアノを始めました」というよりも「3歳の5月にピアノを始めました」というほうがより具体的で、真実味が増すと思いませんか?

　数字ではっきり示されたほうが、人の記憶に残るものです。面接官にあなたの印象を数字で刻みましょう。

30 人からもらった言葉は、かなり使える♪

「今まで頑張ったエピソードを教えてください」という質問を受けたときは、なんの話をしてもよいのです。ポイントは、締めの言葉にあります。

「～なので、私はがんばり屋です」と自分で言うよりも「大会で優勝したときに親友から『よく頑張ったね』と言ってもらうことができました」と答えたほうが面接官の心に響くでしょう。

自分で結論づけるよりも、第三者からの評価のほうが説得力もあり、より納得できるものだからです。第三者からの言葉をうまく活用して、間接的にアピールするワザを身につけましょう。

POINT

1 自己PRには客観性を導入すると説得力が増す

2 人からもらった言葉をストックしておこう

31 それ、別の人が言ったよね？

自己PRや志望動機など、答えが人によって多岐に渡っている場合、先に話した人とかぶる話題は避けなくてはなりません。誰に聞いても答えが同じになるような質問ではないので、前の人と同じでは面白みに欠け、マイナスです。

それには普段からいくつかの答えを用意しておくことが必要です。部活動の話題、アルバイトの話題、家族の話題……かぶるかもしれないと思われる答えならば、すぐに対処できるように準備して、心の引き出しを多くしておかなければなりません。

POINT

1 よくあるエピソードは使わないようにする

2 万が一の場合に備えて、代替案も用意

32 結論が先

　自分が聞いて欲しいと思っている質問が来たときに、話したいことがあふれてしまう人がいます。気持ちが昂ぶっているだけに、その話はとりとめがなく何を言っているのかわからなくなることがあります。残念ですが、これはわりと女性に多く見られる傾向です。
　まず、質問には端的に結論から答えること。そうすれば、自分も何について話すのかはっきりしますし、面接官もすぐにわかります。その後は余裕を持って、ゆっくりと説明を付け加えることもできるのです。

POINT

1 最初は一言で答える

2 説明を加えるのは後からでも間に合う

33 伝えるのはたったひとつ

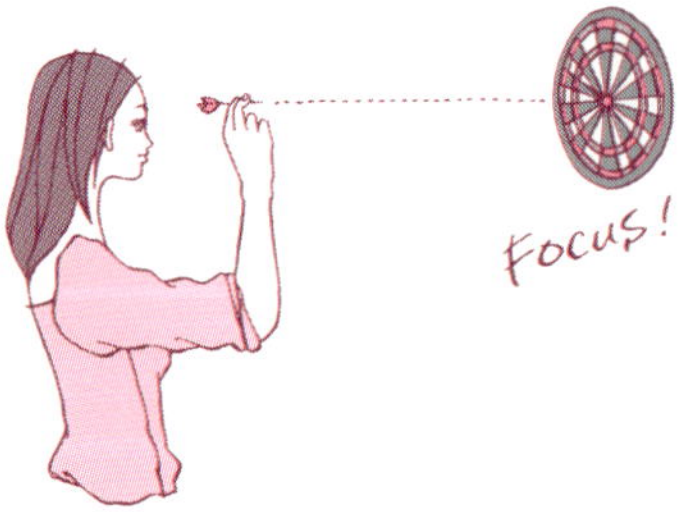

　うまく結論から話せても、その後、説明をする際にあれもこれも……と、欲張らないようにしましょう。せっかく結論から言えたのですから、伝えたいことをひとつに絞ってそれに関することだけを話すようにします。「頑張ったことはなんですか？」という質問に「水泳です。大会で優勝して、記録を出しました。これは週4日欠かさずに続けた練習の成果だと実感しています」と答えると、すっきりとわかりやすいですね。チームメイトの友情や家族のサポートに支えられた話など、盛り込みたいことがたくさんあっても、そこはガマン。焦点がぶれないように切り捨てる勇気も必要ですよ。

POINT

1 欲張っては元も子もなくなる

2 答えを簡潔にできたなら、理由も簡潔に

34 語り部になる

POINT

1. シンプルすぎるのはやぶへび
2. ありったけの愛を会社に告白する気持ちになって

とは言っても、自分が語りたいことにはついつい饒舌になってしまうのが人というものです。それに、あまりに端的すぎる答えだとそっけない、やる気がないと思われ、やぶへびになってしまうので、バランスをとることが必要です。

「英語に興味があります」では切り捨てすぎていて、興味がなさそうに聞こえてしまいませんか？　「字幕なしで映画を観てみたいです」というように自分の目線による表現を盛り込む工夫をしてみると、シンプルでありながらも、気持ちが伝わりやすくなります。

短い言葉であなたらしさを理解してもらうためには、あなたらしいエピソードを添えることが大切です。面接官や会社の心をくすぐるような理由を探しましょう。

言葉づかい

35 普段の会話に直して確認♪

面接には書き言葉よりも話し言葉の方が適しています。普段、学生さんたちと接していて、「その言葉、いつも使っているの？」と不思議に思うことがあります。たとえば「○○が欲しいです」と言えばよいのに「○○を所望しております」など難しい言葉や文語を使う人がいますが、違和感があると思いませんか？　ていねいな言葉であれば、普段の話し言葉で充分です。また、話し終わりに「以上です」という人がいますが、これもいつもの会話で使っていますか？　面接でよく聞くのですが、なんだか業務連絡のような無味乾燥な感じがするので、避けた方が無難です。

POINT

1 意味がわからない言葉を使っても結局見抜かれる

2 ていねいであれば熟語でなくてもOK

36 イマドキ言葉に要注意！

普段の話し言葉を使うといってもそのままでいいわけではありません。

たとえば踊りに行く「クラブ」。抑揚のない発音をしていませんか？　「彼氏」なども同様のイントネーションを若い人の間ではしますね。

でもこれは面接という公式の場では、聞きづらいもの。ご法度です。また、「バイト」や「ファミレス」、「朝練」もきちんと「アルバイト」「ファミリーレストラン」「早朝練習」と省略しないで言うほうが聞こえがよいものです。

これらのイマドキ言葉は4章に一覧表をつけますので参照してください。

POINT

1 語彙だけでなく、イントネーションにも注意

2 口癖になっているなら早めに直して

37 ざ～ます言葉はやり過ぎです！

「趣味はなんですか？」と訊ねられて「ピアノを少々たしなむ程度でございます」と答えると、まるでどこかのマダムのようです。若い学生のみなさんが「○○でございます」などと使うのは、たしかに表現はていねいですが、やりすぎのきらいも。不自然な上、いつも使っていないせいで、言い間違えのリスクを伴います。「です」「ます」の口調でOK！

　また、敬語や丁寧語は英会話と同じです。習ったり、本で読んだりしてすぐに使えるようになるものではありません。何度も繰り返し使ってこそできるものなので、日頃から使える場面ではきちんとした言葉遣いをするように心がけましょう。

POINT

1 身についていない表現はボロが出る

2 やりすぎではなく、あくまでも自然な表現が好感を持てる

38 引っかけ言葉に気をつけて！

NG

　気さくな雰囲気の面接官が「キムタク好き？」と聞いてきました。あなたが「はい、キムタク大好きです」と答えたら、減点です。たとえ有名人でも決して呼び捨てにしないでください。「はい、木村拓哉さんは大好きです」と答えましょう。面接官のフレンドリーさに引っ張られて、ついボロが出ることも多いので気をつけましょう。

　また、逆にとてもていねいな面接官から「ご両親は当社のことをどうおっしゃってますか？」と問われて「○○とおっしゃってます」など、自分や身内に敬語を使うのは禁止。謙譲語へ言い換えて「○○と申しております」としましょう。

POINT

1 有名人は友達じゃない！

2 尊敬語と謙譲語の使い分けは完璧に

39 なくて七癖。早めにチェック♪

NG
えー，では，大学時代に力を入れていたことについて教えてください。
えー，私が大学時代に力を入れていたことは……

今まで培ってきた会話のスタイルはなかなか直らないもの。学生のみなさんに総じて言えるいくつかの気になる点をこれから挙げてみます。

1 語尾はのばさない！　あがらない！

学生言葉によくありがちな不自然なイントネーションは×です。

2 早口禁止！

焦ってしまうと、自分でも何を言いたいのか分からなくなってしまいます。

3 前置き禁止！　もったいぶらないで！

本題になかなか入らないと、聞いている側の集中力も途切れてしまいがちに。

4 説明書じゃないんだから…

大学を選んだ理由を聞かれたのに、まず大学の説明をするなど、関係のない総論の話は省きます。

5 質問のオウム返しは時間のロス

話し出しに面接官の質問をそのまま繰り返すと、本題に入る前に時間を使いすぎてしまいます。ときには、バカにされたように受け取られることもあります。

POINT

1. 面接は普段の会話とは違うことをもう一度、意識する
2. 時間を効率的に使うのは話し方にかかっている

6 それは一体、誰なの？

「あなたに影響を与えた人は？」と言われて「とある先輩で、2つ年上で、テニスが上手な」とやたらに人の説明が長いのは×。個人情報漏洩なんてことにはなりませんから、「先輩の○○さんです」とストレートに名前を言いましょう。

7 単語の羅列は意味不明！

志望動機に多いのですが「伝統を重んじ、革新的な技術と、社員に優しい環境と…」とただ並べ立てるだけでは×。

8 みんな言うでしょ？ だから言わない。

「人と接するのが好きです」「実力主義の御社で自分の力を」などはよく言いがちな、あいまいなフレーズ。これも×。

9 歌うように話そう♪

ムダなブレスでブチブチ切らない、逆にダラダラ繋げないようにしましょう。

10 言い訳禁止！

英会話について聞かれたとき正直に「昔はやっていたのですが、時間がなくて」と答えると、逃げているような印象。こういうときは余計な事は言わないこと。

話し方のポイント 40

「はい」の返事は一石二鳥、いや三鳥

POINT

1 「はい」というのはタダ！出し惜しみしないで

2 返事と笑顔を常に忘れずに

「はい」というきちんとした返事ができると、他の人より3つの点で得をすることができます。

まず、大きな声で「はい」と答えることは、それだけで「元気な子だな」と面接官の心象がよくなります。

次に、質問されたことに対して「はい」と答えることで、面接官を安心させることができます。質問した面接官も人の子ですから、自分の質問に対して前向きな反応が返されると、「この子は自分の話をきちんと聞いてくれているな」と無意識に感じるものです。

最後に、質問を受けて反射的に「はい」と返事ができるようになれば、その間に一呼吸が置けます。このちょっとした時間が気持ちに余裕を与えて、これから話そうとすることを頭の中で整理することができるのです。

ただし、身についていないと「はい」にばかり意識がいってしまい、肝心の答えや立ち居振る舞いでミスをしてしまうので要注意です。

41 いつでも「ありがとう」を忘れずに！

POINT

1. お礼はその都度、口に出して言うとポイントアップ！
2. 心はいつも感謝で満たして

心優しい面接官が、あなたが緊張していることに気づいて「ちょっと深呼吸してみて。リラックスできた？」と話を振ってくれることがあります。そのときにきちんと「ありがとうございます。おかげで落ち着きました」と言えるかどうかが大事なところ。いくら緊張していたからといって、黙ったまま深呼吸だけして終わりでは、好意を受けても何もしない失礼な人と思われてしまいます。きちんとお礼を述べましょう。

また、「面接はこれで終了です」と言われたら、「この場を設けて私の話を聞いてくださって、ありがとうございました」という気持ちを持って、面接官に向かって笑顔で接しましょう。口に出してお礼を言える機会がなくとも、百戦錬磨の面接官には、そういう心が伝わるものなのです。

面接官がなぜ質問をしてくるのか考えたことはありますか？　実は短い時間の中で、あなたのことを効率的に知りたくて質問をしているのです。

「チアリーディングに打ち込んでいたそうですね」と言われて一般的なチアリーディングの話をするのではなく、ぜひ自分のことを話しましょう。チアリーディングを通してなにを学んだのかということを面接官は知りたいのです。アメリカで大会があるのは何月？ということを知りたいのではありません。質問や会話はすこし拡大解釈をして、すべて自分に結びつけて話をするようにしましょう。

ときにイジワルな質問をしてくる人がいます。とうてい答えられないような質問をするときでもその時は完璧な答えを見るのではなく、どう対処するかを見ています。正解を言えなかったからといって落ち込む必要はありません。

POINT

1. すべて自分の話をするように心がける
2. イジワルな質問には正解を答えるのではなく、うまく対処して

42 質問はきっかけ作り

43

見た目と言葉のダブル攻撃！

POINT

1 見た目でわかることはことさら強調しなくてもOK

2 見えないギャップをしっかりアピール

第一声が大きければ、元気がある子だなど面接官は思います。見るからに健康そうであれば、体力があると期待して「何か運動をしているのですか？」と質問するでしょう。ところが、意に反して「運動は苦手です」と言われたら、その面接官はきっとガッカリしてしまうでしょう。見た目にアピールしている事が体現されていないのは×です。「とくに運動はしていませんが、健康には自信があります」と前向きな答え方をしましょう。

その反対に物腰がやさしくてソフトな印象を持った人が実はキックボクシングを趣味でやっているという場合があります。こういうときは言葉で発しなくては伝わりません。そういう意外なギャップを面接官はおもしろく感じてくれます。

見た目でアピールできて相手を納得させられることと、言葉で話してみてからしかわからないことを巧みに織り交ぜるのも面接における重要なテクニックなのです。

44 メッセージの主語は、いつでも「私」

日本語は主語を省略しても通じてしまう言語です。でも、こと面接に関してはそうもいきません。たとえばこんな場合を考えてみましょう。「当社のよいところを挙げてください」と聞かれて「御社の技術はすばらしいです」と言うときの主語は「御社の技術」です。これを「私」を主語にしてみるとこう変わります。「私は御社の技術が○○だから、すばらしいと思います」と。この○○の部分に自分の分析や熱意、意欲を入れることにより、面接官によりアピールできるのです。

それに一般論で話をすると、上からの目線で話をしている、と思われる可能性があります。自分では心から誉めているつもりでも「技術はすばらしくても他はダメということなのかな？　学生が企業を批評するなんて……」などと捉えられてしまうことだってあるのです。こんなことになったら、もったいないと思いませんか。だからあくまでも主語は「自分が基本」です。

POINT

1 自分の考えが入れやすいから、質問の答えの主語はかならず「私」

2 一般論で話すのは危険な賭け

45 同じ言葉は、連発禁止！

限られた時間の中で同じ言葉を繰り返すのは誉められたことではありません。たとえばお年寄りから好かれることを表現するのに「おばあちゃんキラー」と最初に使ったとします。この言葉自体はキャッチーで、非常に印象に残りやすいのですが、そのせいで飽きが来るのも早いのです。話の途中でも何度か使って、さらに締めの言葉に「……だから私はおばあちゃんキラーと言われるのです」などと言うともう飽和状態。聞いている方は「またその言葉か…」とうんざりしてしまいます。

また、こんなキャッチーな言葉だけではなく、普段から使う言葉でも頻発するのはNG。「やさしい」「真面目」などの言葉は他の受験生もよく使うのものですから、面接官も聞きなれてしまい新鮮味がなくなります。似たような言葉を置き換える工夫をして、さまざまな表現方法を身につける努力をしましょう。

POINT

1. キャッチーな言葉は１回でキメる！
2. 普段から語彙力を増やす努力をする

46

否定してはいけません！

POINT

1 否定は自分で自分の首を絞めるようなもの

2 考え方を前向きにシフト

否定にはふたつのタイプがあります。まずはとても日本人的なのですが、謙遜しすぎてしまう人。「英語は得意ですか？」と聞かれて「いいえ、そんなそれほどのものでも……」とやけに否定してしまうのも面接の場では考えものです。ウソをつかない範囲でアピールしましょう。

もうひとつは他の受験者を否定してしまう人。「先ほどの考えは○○という点で間違っていると思います」など、攻撃的なタイプの人がやりがちです。面接は正解を求めていると言うわけでなく、質問をいかに対処するか、他の人たちの話を聞いているのかなどが見られています。あえて、対立した意見を議論させるディベート形式の面接以外では、他人を否定するような人はたとえそれが正しくとも、協調性がないなどと心象を悪くすることも。そういう場合は、否定をせず、自分の考えを述べるだけで充分です。もちろん面接官の質問を否定するのは言語道断です。

勝ち負けじゃないの！比べないで！

前項とも似ているのですが、やたらと比較をしたがる人がいます。たしかにわかりやすい喩えになるので使いたくなりますが、すこし使い方を間違えただけで、とんでもないことになります。

同業他社と比較して受験している会社を褒めるのは賢くありません。「A社よりも御社の方がサービスの面で優れていると思います」と言ったとき、面接官はどう思うでしょうか？「学生がどうしてそんなことまで判断できるのだろう？生意気だな」「サービス以外の面は優れていないとでも？」などと思われたら元も子もありません。

また、自分をアピールするときも他の受験生と比較してはいけません。「彼女よりも私の方が体力はあります」と言うのは耳障りがいいものではありませんよね。比較は「うちとA社との違いは何？」と聞かれたときにだけすればよいもので、自分から使わない方がベターです。

POINT

1. 比較は諸刃の剣。難しい賭けはしないで！
2. 人を貶めるような比較は結局、自分を下げてしまう

「ビジネス英語はできません」と「日常の英会話ならできます」どちらが聞き心地がよいでしょうか？　もちろん、後者ですよね。否定の表現よりも「できる」ことを話した方が印象はよくなります。

短所を聞かれた場合はモノは言いようでひっくり返したら長所になるようなことを話します。「究極のおせっかい」＝「人の世話をするのが好き」などのように言うと短所が前向きに変化します。会話はサービス。面接官を楽しませようとすることは大事なことです。

ただし凄いことはさりげなく。あまり強調しすぎるとそれだけに頼るような、嫌味な人と勘違いされてしまうかも。反対に苦手なことは、大きく勘違いさせましょう。留学経験がなくても「留学生の友達が多く、彼らと毎日話しています」と言えば、たとえ日本語で話していたとしても語学が堪能に聞こえますよね。決してウソではないので、勘違いさせるくらいはテクニックとして使ってもOKです。

POINT

1　短所はひっくり返したら長所になるようにアピールを

2　押したり、引いたりのテクニックを学ぶべし

48 マイナス言葉よりプラス言葉

49 そのギャップが怖いんです

POINT

1. イメージのギャップはOKだけど、表情のギャップはご法度
2. 笑顔に王道はナシ。いつでもできるように練習を

基本の5か条で「自然な笑顔は毎日のイメージトレーニングでマスターしましょう」と言いましたが、それって話すときだけになっていませんか？

実は話すだけではなく、聞くのもまた面接なのです。他の受験生が話している間、何を話そうか？と夢中になって考えていると自然と真顔に戻ってしまいます。また、扉を開けてにこやかに入室しても、歩いているときは真顔になってしまう。実際、こんな人が多いのです。

また、「43 見た目と言葉のダブル攻撃！」（P.47）でギャップの大切さを解説しました。しかし、ここでいうギャップとは真顔と笑顔の表情のギャップのことです。

いつでも笑顔を絶やさないというのは案外、難しいこと。やはりこれも普段からのイメージトレーニングの賜物なのです。話しているとき以外も面接官に見られていることを意識して、にこやかにいてくださいね。

50

ピンチは
最大のチャンス♪

POINT

1 間違えても次に挽回できれば問題ない

2 必ずお詫びの言葉を添えてから、言いなおす

言いたいことが出てこず、言葉に詰まってしまうことは面接でよくある光景。困ったときほど笑顔で目を見ましょう。自信がないとつい目を伏せてしまいますが、これは不信感を与えるのでダメ。

少々、間違ったっていいんです。それを次の質問にまで引きずってしまうよりも早めに心の整理をして、立ち直りをアピールした方が断然前向きですよね。

会社名や資本金など基本的なことを間違えるのは許されませんが、単純な言い間違いくらいならすぐに対処すればOK。もしアナウンサーだったらどうするでしょうか？　間違えたことをそのままにせず「失礼いたしました」と断ってから言い直せばよいのは、ご存知の通り。

もし、面接官が早口で質問がわからないときは「緊張して聞き逃してしまいました」と前置きして聞き直しても大丈夫。その際に「早口で聞こえませんでした」などと相手を否定しないように注意してください。上手に切り抜けられたら、かえってそれがアピールになるものです。

マンガ

面接でよく見る
アイタタな場面

―― 苦手な話題を取り上げ、話が思わぬ方向へ行き、墓穴を掘ってしまう人 ――

暗い話題は避けて、楽しい話題、得意な話題を選びましょう！
Q
最近のニュースで気になることはなんですか？
そうだ!!
わっしょい
わっしょい
私の実家のある○○県○○市で行われます○○祭のニュースです。
NEWS
祭
私も二人の兄と一緒に毎年お御輿を担いでいる恒例行事なので、ニュースをみて、夏が待ち遠しくなります♥
Q
今までのお祭りの中で何か印象に残っていることはありますか？
お御輿ですか…。
はいっ
あるある
高校3年の夏に、アメリカから来た交換留学生のメアリーと、一緒にねじりはちまきとはっぴで、お御輿を担いだことです。
SO EXCITING!
彼女には内緒で日本のお祭りを体験してもらおうと、クラス全員ではっぴをプレゼントしました。
WOW♥
NICE!
帰国した彼女からの手紙に、その時の思い出が日本で一番うれしかった事と書いてあり、
SEE YA! Mary
私にとってもクラスメイトにとっても、一生忘れられない思い出になりました。
フムフム
にこにこ

―無反応で共感している様子が全く伝わらない＆辛い経験ばかり話すマイナス思考の人―

Q
学生時代に、一番がんばった事はなんですか。
では、Aさん。
はいっ。
サークル活動のチアリーディングです。
全くの未経験者でしたので、ストレッチで体を柔くするように努力し、練習がはじまる一時間前には仲間とストレッチや、基礎練習をしていました。
Aさん
そのおかげで怪我をすることもなく、最後の大会では準優勝することができました。
ドキドキ
何話そう。・・・。
ぐるぐる
準優勝ですか、頑張った成果をだせてよかったですね。
では、次の方。
にこにこ
はいっ。
披露宴会場での接客のアルバイトです。
HAPPY WEDDING!
ぺらぺら
ソワソワ
えっと えっと。
・・・・・
キョロ キョロ
やばい次だ!
どしよ〜
いいですね。では、次の方。
・・・私はチアリーディングに力を入れていました。
私は、体が堅く振付を覚えるのも苦手だったので、大変でした・・・
毎晩、お風呂上がりのストレッチもこれもなかなか大変でした・・・
もうダメェ〜!
つらい日々
先輩しっかり!
副部長となり、新入部員の相談係をしていたのですが、私よりもチアリーディング経験の長い部員も多かったので苦労しました・・・
カチン コチン
緊張
鈴木さんも、Aさんと同じチアリーディングをされていたんですね。
その割には、聞いてる時反応うすかったな・・・
Aさん?
・・・はい。
そうだっけ?
??
とりあえず
Q
鈴木さんは、Aさんの話を聞いて何か共感することはありますか?
緊張してるのかなっ?
うっ。
・・・チアリーディングでは、皆と呼吸を合わせて一つのものをつくりあげるのが・・・大変だと思うので・・・
えっと・・・あの・・・
・・・その辺りに共感しました。
ボソボソ・・・
・・・そうですか。
Aさんの話、全く聞いてなかったんだ・・・
何かへんな事いってないかナ・・・。
えへ。
ドキドキ
ドキドキ

―他の人の話も興味を持って聞き、プラス思考で楽しい話をしましょう！―

学生時代に、一番がんばった事はなんですか。

では、Aさん。

はいっ。

サークル活動のチアリーディングです。

全くの未経験者でしたので、ストレッチで体を柔くするように努力し、練習がはじまる一時間前には仲間とストレッチや、基礎練習をしていました。

そのおかげで怪我をすることもなく、最後の大会では、準優勝することができました。

Aさん
私もチア経験者。一緒だ～。

わかるわかる。

へえ、すごいな！

準優勝ですか。頑張った成果をだせてよかったですね。

では、次の方。

にこにこ
はいっ。

披露宴会場での接客のアルバイトです。

乾杯の前に、各種飲み物を用意するのですが、最初はビールを注ぐだけでも緊張してしまって。

そこで、スポーツクラブに通い！腕の筋力アップをしたり、父のお酌を毎晩させてもらいました。

今では、重いものを軽々持ち上げる力と、落ち着いて接客する度胸がつきました。

へえ、そんなに大変なんだ。

でも楽しそう。

フム。

いいですね。では、次の方。

はいっ。

私もAさんと同じく、チアリーディング部に所属し、毎日の練習に力を入れていました。

私は、振付を覚えるのに人一倍時間がかかる方ですが、合宿では語呂合わせ等、独自に工夫をすることで！楽しみながら覚えられました。

このように私は、苦手なことでも楽しんでとりくみ工夫を忘れず、社会人になっても、一つでも多くのことを身につけられる様に努力したいと思っています！

鈴木さんも、Aさんと同じチアリーディングをされていたんですね。

なるほど。

だからさっきAさんの話によく反応していたのか。

はいっ！

鈴木さんは、Aさんの話を聞いて、何か共感することはありますか。

実は私も身体が堅くて苦労しました。

私は、お風呂上がりのストレッチと、クラシックバレエで少しずつ体を柔かくしていったのですが、
STRETCH!!

Aさんの話を聞いて、怪我をせず引退できたのも
そうした努力のおかげだったんだと改めて感じました。

ほほう。身体の柔軟性は、怪我防止にもなるんですね。

この子はよく話を聞いているな。

…まだまだ話したいな…。

にこにこ

— あいまいな表現を使ってしまい、人柄が全く伝わらないまま終わる人 —

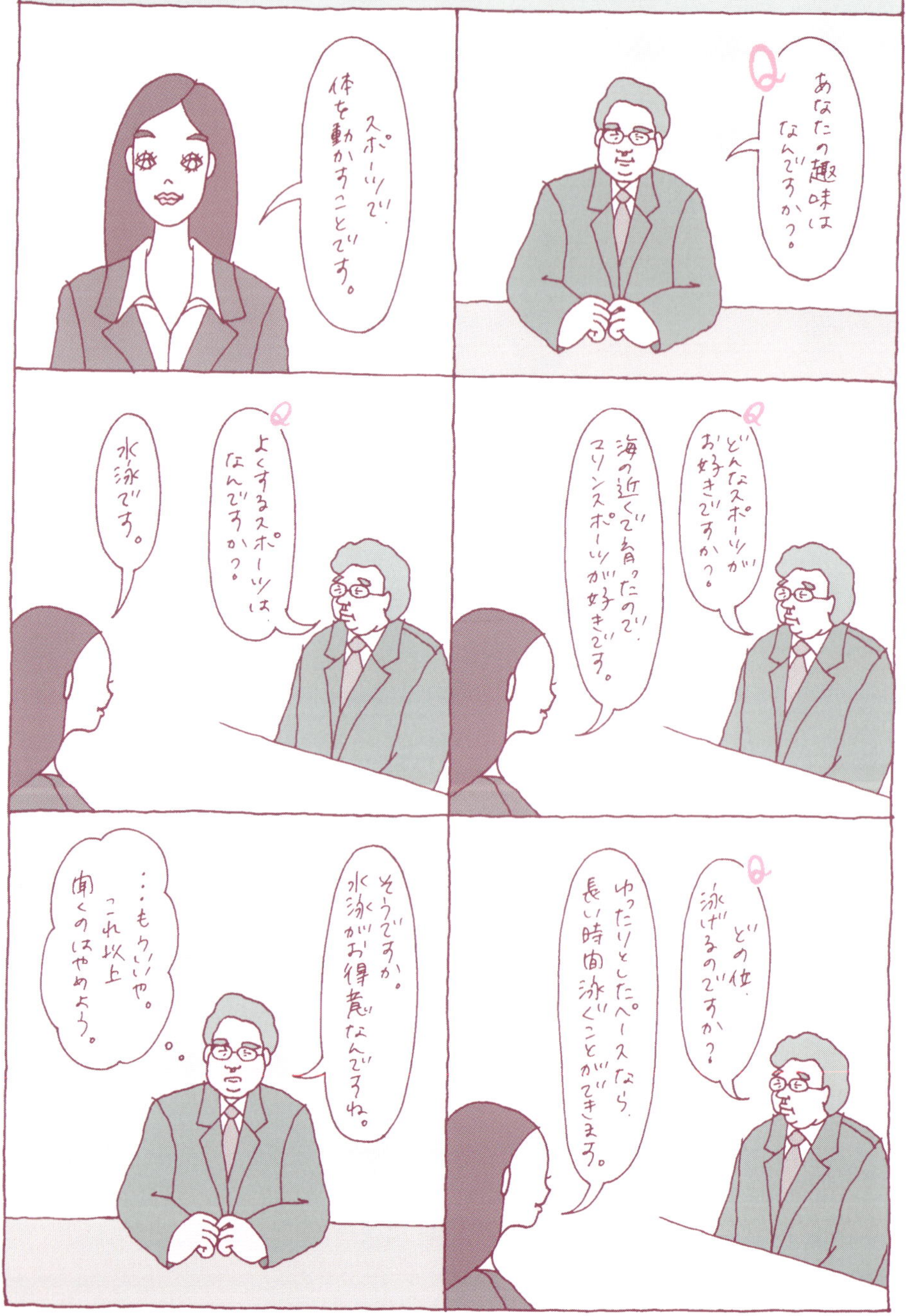

あなたの趣味はなんですか？
スポーツで体を動かすことです。
どんなスポーツがお好きですか？
海の近くで育ったので、マリンスポーツが好きです。
よくするスポーツはなんですか？
水泳です。
どの位泳げるのですか？
ゆったりとしたペースなら、長い時間泳ぐことができます。
そうですか。水泳がお得意なんですね。
……もういいや。これ以上聞くのはやめよう。

数字を使った的確でわかりやすい表現をし、少ない質問で人柄を伝えましょう！

Q
あなたの趣味は、なんですか？

水泳です。

週末には、土日どちらか必ず市民プールで泳いでいます。

Q
どの位泳げるのですか？

小学校三年生から六年生までの四年間は、スイミングスクールに通っていましたので、クロール、平泳ぎ、背泳ぎ、バタフライができます。

今は、毎週平泳ぎでプールを四往復していますが、二キロをゆっくり泳ぐのが好きです。

水泳を始めてからは、風邪もひかず、皆勤賞をもらえるようになりました。

そうですか。水泳がお得意なんですね。

にこ にこ
元気な子だな。体力もありそうだ。

―とまどいながら不安な顔で話す＆面接官の指示を無視して話す人―

―― 自分の意見をしっかり持ち、自信を持って堂々と笑顔で答えましょう！――
Q
あなたを動物に例えると何ですか？
理由はいりませんので！ひとことでお答えください！
!?
ウサギです♡
ぷりっ
にっこり
堂々。
Q
先日、タレントの○○さんが結婚しましたね。
あなたは何歳で結婚したいですか？ その理由も簡単にお話し下さい。
WEDDING♡
27歳位で結婚したいと思います。
27歳なら、入社して五年程経っていますので、きっと仕事にも慣れ、
実際に仕事と家庭を両立する為の工夫もできるようになっているかと思います。

注意！ 5つのマイナスポイント

1 苦手な話題を取り上げ、話が思わぬ方向へ行き、墓穴を掘ってしまう

面接では、「最近、気になるニュースは？」「印象に残っている本や映画は？」のように好きなテーマを自分で選べる質問があります。ここで気をつけてほしいのは「暗い話題やテーマには、なるべく触れないこと」。とくに、政治、宗教、戦争、差別、殺人、事故の話は避けたいところ。面接官があえてそういう話題を振ってきた場合も、掘り下げずに簡単に答えましょう。おすすめは「自分が好きなこと、得意なこと、思い出すだけで嬉しくなること」に繋がる話題です。あなたの趣味や経験を自分の言葉で表現しやすく、自然な笑顔でいきいきと話す姿から人柄も伝わるはずです。

2 無反応で共感している様子が全く伝わらない

グループ面接で、自分の順番が来るまでの間、答えを考えている人がいますが、「人の話をよく聞くこと」を忘れないで。面接官が同じ質問を全員にする場面では、先に発言をした人が、自分と同じような経験や考えを述べることがあります。そんな時「どうしよう、言われちゃった」と焦るよりも「私も一緒。わかる、わかる」と話を聞き、反応しましょう。普段の会話でも、よく話を聞いている人は、反応がありますよね？　面接官は、話を聞いている様子も見て、あなたが普段、人とどのように接しているのかの参考にしています。

3 苦労したことなど辛い経験ばかり話すマイナス思考

苦労話や辛い経験について質問されることも、面接ではよくあります。そんな時、面接官はあなたがその経験によって「どう成長したのか」について知りたいと思っているのです。頑張ってきたことに苦労はつきものです。ですが、苦労話そのものよりも、それをどのように克服したのか、その経験が、今後どう活かせるのかについて話をするように心がけて下さい。マイナス思考は捨て、常にプラス思考で考えましょう。

4 あいまいな表現を使ってしまい、人柄が全く伝わらないまま終わる

質問にはなるべく具体的に、面接官がイメージしやすいように答えましょう。伝える努力をするのは、あくまでも受験生側。面接官に詳しく聞かれるまで待ち続けているようではいけません。

WHEN（いつ）、WHERE（どこで）、WHO（誰と、誰に）、HOW(どのように、どの程度）、WHAT（何を、何の為に）、WHY（どうして、何がきっかけで）という具体的な表現がない話は、聞いている側に何の印象も残すことができません。「色々、たくさん、多く、何度も、以前、長年、幼少より、先日、皆、度々、いつも、よく、かなり、もっと、より、しっかり、ちゃんと」など、面接の場面でよく耳にするあいまいな表現は、別の具体的な言葉に置き換えると、自分の経験や思いが伝わりやすく、あなただけの話になります。

5 とまどいながら不安な顔で話す、面接官の指示を無視して話す

想定外の質問をされた途端に、それまでの堂々とした話しぶりから一転して、しどろもどろになって、笑顔が消えてしまう人がいます。面接官が知りたいのは、「あなたがどんな人なのか」です。話の内容でアピールできないのならば、話をする態度、反応のよさなど、ほかの部分でアピールすればよいのです。面接は特殊な場面ではありますが、人と人の会話には変わりません。相手が「理解しやすく」「聞きとりやすい」ことを意識して、自分らしい態度で話をしましょう。話終わった後にすぐさま反省をしてしまうなど、せっかくの質問をしてくれた面接官が「嫌な気分にさせたかな？」「こんな質問して、悪かったかな？」と気を遣ってしまうような態度は見せないようにしましょう。面接官も人間ですので、何気ない質問もあれば、受験生の様子を見たくて、意外な質問を投げかける場合もあります。どんな時にも堂々とした態度と、ハキハキとした口調で、その場にいる人たちが気分よくなるように心がけて下さい。また、面接官から「30秒以内」「一言」「理由は要らない」などの指示があった場合には、その通りに答える事を忘れないでください。

第4章

困ったときは…

Case

OB／OG訪問

面接に向かう前にぜひやっておいてほしいのが「OB／OG訪問」です。OB／OG訪問とは、自分が希望する職業に就いている先輩を訪ね、情報を集めること。

実際に働いている先輩の話を聞くことで、本やホームページを読むだけではわからないその会社の雰囲気を知ることができ、面接での強みにもなります。

知り合いやサークルの先輩に志望する会社に勤めている方がいればラッキーですが、そんな偶然はそうそうありませんよね。基本的には大学の就職課にあるリストから探すことになります。それでも見つからない場合は、インターネットで探すのも、志望企業まで足を運び会社から出てきた人に声をかけるのもよいでしょう。断られる可能性も大きいですが、そこであきらめずに何度でもチャレンジしましょう。そのくらい、OG訪問では得るものが多いと思ってください。

OGが見つかったら、さっそく訪問を申し込みます。サークルの先輩など、親しい人ならば携帯メールでもかまいませんが、それ以外の方にはきちんと手紙か電話で依頼をしたほうがよいでしょう。大学のリストにメールアドレスしか載っていない場合は、メールでもかまいませんが、携帯ではなくPCから送るように心がけ、署名をつけて自分が一体、誰なのかを明らかにしましょう。

訪問の日程が決まったら、OGに会う前に、もう一度志望企業について調べます。調べたらすぐにわかるようなことを質問するのは、忙しいなか時間を割いてくれている相手に失礼です。あなたの志望動機をしっかりまとめたうえで、働いている人でなければわからないこと、自分がどうしても知りたいことを書き出し、OG訪問に臨んでください。また、大学名、氏名、連絡先を明記した名刺を用意しておくのもよいでしょう。自分から名刺を差し出し、挨拶をすることで、OGからも名刺をいただけます。今後のやりとりや所属部署についてなど、名刺が手元に残っていると、後々の連絡に役立ちます。

そして、OG訪問後はお礼の手紙やメールを送って、感謝の気持ちを伝えましょう。もしも、残念ながらその企業に落ちた場合も、最終的な進路が決まったら、きちんと連絡しましょう。

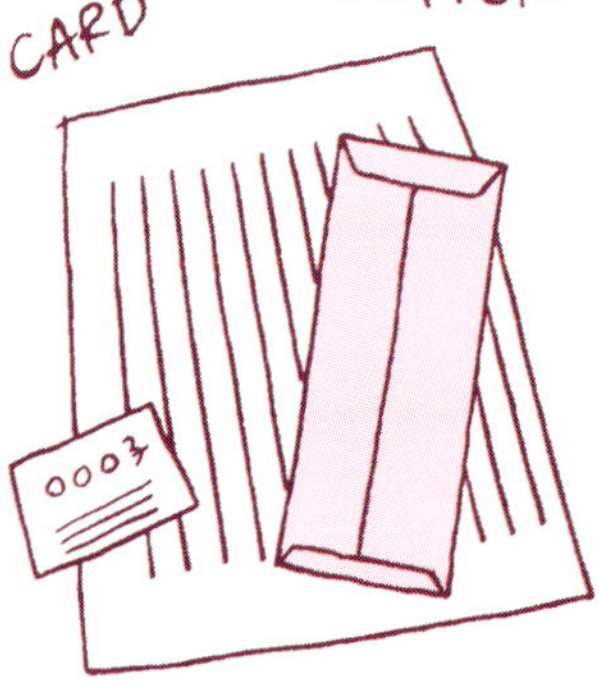

ここでは、実際に申し込みの電話の会話例をご紹介します。手紙やメールでならきちんと対応できても、電話だとついついあせってしまいがちです。何を伝えたいのか、整理してから電話をかけるように心がけましょう。

●会話例

はじめまして。
私は○○大学○○学部○○科三年の鈴木ハナコと申します。
お忙しいところ恐れ入ります。
○○大学の□□さんからご紹介いただき、本日、ご連絡させていただきました。
私は、現在就職活動をしておりまして、ぜひ御社について、先輩の△△さんにお話をおうかがいしたいのですが、お時間をいただけないでしょうか?

（やり取りの後）

はい。では、○月○日、○曜日。13時(24時間で伝える)に○○駅前にてお待ちしております。
△△さんにお会いできます事を楽しみにしております。
ありがとうございました。
失礼いたします。

POINT

1「もしもし」は使わないこと！

2 どうやって名前や連絡先を知ったのかについては、必ず伝えましょう。これは、紹介者がいて「電話をする旨、伝えておく」と言われていたとしても、同様です。

例1）同じサークルの□□さんからご紹介いただきまして、ご連絡させていただきました。
例2）就職課で調べたところ、△△さんのお名前を拝見しまして……

3 約束が出来た場合には、必ずゆっくりと落ち着いた声で復唱をし、確認をすること。

4 話を切り上げるのは、電話をかけた側から。聞きたい事があっても、長々と話しこまないように注意。

Case

添え状、お礼状

携帯電話やパソコンが普及している現代では、手紙を書く機会も少なくなってきています。中には、正しい手紙の書き方を知らないという人もいるのではないでしょうか。日常生活ではそれでも問題ありませんが、就職活動において「手紙」は大きな効果を持っています。自筆の手紙はあなたの好感度をあげ、より印象づけることができるからです。手紙を書く際にも、挨拶同様「気持ちがこもっていること」が大切です。あなたの気持ちが伝わるよう、ていねいな読みやすい字で書きましょう。また内容が重複していないかにも注意しましょう。

ただし、CAのように、選考ステップが多く、担当者が大人数の受験生の対応をしなくてはならない場合には、かえって担当者の手を煩わせることになるので、面接後のお礼状は控えたほうがよいといわれています。どうしても気持ちを伝えたいという人も、毎面接後に出すのではなく、ここぞというときに絞りましょう。企業の体質や採用試験の状況を見て、判断することが大切です。

お礼状を送るタイミングは、資料請求後、説明会後、OG訪問後、面接後など。ここでは3通の手紙の例文をご紹介します。

添え状

履歴書やエントリーシートを送付する際には、簡単な自己紹介と応募した理由を書いた添え状をつけましょう。

拝啓

春陽の候、ますますご清祥のこととお喜び申し上げます。

さて、私は貴社への入社を希望しております○○大学○○学部○○科三年の鈴木ハナコと申します。客室乗務員は幼い頃からの私の夢です。就職活動を通して、貴社の客室乗務員の方にお会いして、改めてその魅力を感じたため、日本のトップエアラインである貴社への志望度がますます高まりました。そこで、この度はぜひ選考をお願いいたしたく、エントリーシートを送付いたします。

ご連絡いただけますことを楽しみにしております。よろしくお願い申し上げます。

貴社の一層のご発展を祈念しております。

敬具

平成二十年三月

○○大学○○学部三年　鈴木ハナコ

○○株式会社　採用グループ御中

面接のお礼状

面接が終わったら、なるべく早くお礼状を出しましょう。面接の日のうちに書きあげて、翌日には投函するのがよいとされています。

拝啓

春暖の候、ますますご清祥のこととお喜び申し上げます。

私は、現在貴社の採用試験を受験しております○○大学○○学部○○科四年の鈴木ハナコと申します。

この度は、最終面接に参加させていただき、本当にありがとうございました。面接を通して、多くの社員の皆さまの話をうかがうことができ、その仕事に対する熱意に感銘を受けました。貴社を志望する気持ちは、選考が進むにつれて、より強くなっていきました。

貴社の一員として、皆さまと一緒に仕事ができることを楽しみにしております。よろしくお願い申し上げます。

貴社の一層のご発展を祈念しております。

敬具

平成二十年四月

○○大学○○学部四年
鈴木ハナコ

○○株式会社　採用グループ御中

内定のお礼状

内定をいただいた場合は、内定承諾書などの書類を送ることになります。これから同じ会社で働くことになる先輩方に、あなたを印象づけるチャンスでもあります。

拝啓

新緑の候、ますますご清祥のこととお喜び申し上げます。

私は、○○大学○○学部○○科四年の鈴木ハナコと申します。

この度は、内定のご連絡をいただき、誠にありがとうございました。

○○様をはじめ採用担当の方々には、大変親切にしていただき、就職活動の励みになりました。重ねて、お礼申し上げます。

幼い頃から憧れていた客室乗務員に採用していただけたこと、本当に嬉しく思っております。今後は、貴社の一員としてふさわしい客室乗務員になれるよう努力を重ねていく所存です。どうぞよろしくお願い申し上げます。

貴社の一層のご発展を祈念しております。

敬具

平成二十年五月

○○大学○○学部四年
鈴木ハナコ

○○株式会社　採用グループ御中

Case

レジュメ（英文履歴書）

就職・転職活動の範囲を海外にも広げようとする人には、留学経験があり、外資系企業での勤務歴がある人が多いのはたしかです。しかし、「英語は好きだけど、ペラペラな訳じゃない」という人が内定をいただくケースも決して少なくありません。「生まれて初めて英語で履歴書を書くことになってしまった！　どうしよう！」と就職活動が始まってからあせる人も多くいます。

私の指導した中にも、英語が苦手で、面接でも上手に話せなかったにもかかわらず、「笑顔を絶やさないホスピタリティーあふれる人柄」が認められ見事内定を獲得した人がいます。本来1度きりの面接（英語インタビュー）に3度という異例のチャンスを与えられました。それは、彼女の英語力が評価されたのではなく、やる気と資質、そして努力する姿勢があったからでしょう。英語が苦手でも、彼女のように思いきってチャレンジしてみる勇気も大切です。どの会社と縁があるかは「神のみぞ知る」ですからね！

ただし、面接に呼んでもらうためには、まずは履歴書をきちんと書き上げなければなりません。ここで挫折してしまう人も多いはず。

外資系企業を受験する人は、レジュメ（英文履歴書）の書き方について自分自身で情報を集めて勉強することになりますが、ここでは実際に提出する書類見本をご紹介します。

レジュメは、一般的にカバーレターとセットで提出します。次ページからの見本を参考に、あなたなりのカバーレター、レジュメを書いてみましょう。

書きあげた後、時間に余裕のある人は、その書類を身近にいる英語が得意な人に客観的に見てもらい、伝えたい内容やニュアンスがきちんと英文にできているのかを確認してもらうと一層、安心です。もし、どうしても英語のニュアンスについてのアドバイスを受ける相手が見つからない場合には、私の会社でも英会話インストラクターのコーチングを提供しています。自分の強みや経験についてアピールする書類を書き上げるのに、悪戦苦闘している人は、お気軽にお問い合わせください。

注意点

■複数の会社を受験するからといって、同じものの使い回しはしないこと！　英語が苦手でも、その企業や職種に合ったアピールポイントを工夫して文章で伝えるように心がけてください。

■日本語の履歴書同様、間違えたところに二重線をひいて訂正したり、修正液で消したりするのはマナー違反です！　労を惜しまず、きちんと書き上げましょう。

Hanako Suzuki

Asahi Apt. #205,1-12-30, Tomigaya, Shibuya-ku Tokyo 151-0063, JAPAN
Telephone : 03-1234-5678 Cell phone : 090-1234-5678
E-mail : hanako_suzuki@email.com

WORK EXPERIENCE :

June 2007- Present
ABC HOTEL (Tokyo, JAPAN)
As a front desk staff / office clerk
Checking in/out guests.
Making necessary arrangements as required by guests or circumstances.
Handling guests claims and complaints with regards to the quality or type of provided services.

June 2005-May 2007
ABC DIVERS (Cairns, AUSTRALIA)
As an instructor of the scuba diving

April 2002-March 2005
ABC DEPARTMENT STORE (Tokyo, JAPAN)
As a general receptionist
Providing general information to customers
Making Japanese and English announcements

EDUCATION :

April 2000-March 2002
ABC JUNIOR COLLEGE (Kanagawa Prefecture,JAPAN)
Majored in English Literature

LANGUAGE SKILLS :
Japanese, Native
English, fluent in Speaking, Reading and Writing

QUALIFICATIONS :
English Proficiency:TOEIC 700 (September 2007)
Japanese Red Cross Society First Aider (July 2002)

QUALITIES :
- Always trying to expand my abilities in order to support my efforts more effectively.
- Able to meet, communicate, and establish relationships easily with many kinds of people.
- Always thinking about how to improve the present situation to work more smoothly and effectively.
- Flexible, trustworthy, dedicated, organized, and efficient.

REFERENCES :
Available upon request

a 基本的に写真を添付する習慣はありません。添付を必要とする場合は、必ず指示があります。指示のない場合は、写真はなしでかまいません。

b 住所は日本とは逆の順番で明記します。アパート名と部屋番号も省略せずに書きましょう。2〜3行にバランスよくまとめましょう。

c 職歴が浅い方は、パートタイムやインターンシップ、ボランティア経験も記載するように。あなたの経験全てが仕事に生かせるはず。

d 特に「このような業務内容か今後、御社で役立てるはずです」という思いを込めて、職歴に実際に担当していた仕事の内容を明記します。ただし、長くなり過ぎないように。

e 第2外国語、第3外国語など、資格取得には至っていなくとも記載することができます。資格取得日が古く、証明書が出せない場合も同様です。たとえば、フランス語とスペイン語を独学で学んでいて、基本的な読み書きができる人なら French and Spanish: Basic reading and writing skill と書きます。

レジュメには、決まったフォームはありません。できるだけA4サイズ1枚にまとまるように意識して作ります。決して日本語の履歴書の英訳ではありません。「私はこのような点で優れていて、あなたの会社のニーズにこれだけ合っています」とアピールするものです。そして、あなたが会社に対して「何ができるか」も忘れずに伝えます。英語は主語を省いた、独特の表現で書きますので、できるだけ早めに準備を始めたほうが安心です。手書きではなく、PCで作成しましょう。

ここでは、鈴木ハナコさん(26歳)のレジュメを紹介します。経歴は、2002年3月ABC短大英文科卒、2002年4月〜2005年3月ABC百貨店(日本/東京)総合受付嬢として勤務、2005年6月〜2007年5月ABCダイバーズ(オーストラリア/ケアンズ)ダイビングインストラクターとして勤務、2007年6月〜現在ABCホテル(日本/東京)受付スタッフとして勤務、保有資格はTOEIC700点、日本赤十字社救急法救急員と仮定します。

学生の場合は、ⓒをボランティア経験に書き換えましょう。

Case カバーレター

カバーレターは、一般的な手紙と同じ様式で構いません。志望動機を書いた上で、自分がいかにそのポジションに適した人物かについて述べ、面接の機会を求める気持ちを伝えます。そして最後は、応募の機会を与えられたことに対して感謝の言葉で締めくくります。

このカバーレターは、〝自分史概論〟なので、レジュメや面接で詳細を語るための、その大筋が記されているかが重要です。レジュメ以上に面接官が重視している場合も多いそうです。このように書くと、すこしでも長くたくさん書きたくなってしまいますが、よくばり過ぎず、1枚に収めるように心がけましょう。

具体的な例は全て省き、相手に売り込めると思われる部分を、概論で入れましょう。逆に、職歴のない学生の場合は、具体的な話を入れることで量を増やすことができます。

こちらもレジュメ同様手書きではなく、PCでの作成が基本となります。

POINT

どうしても辞書だけでは作れないという人は以下のサイトを参考にするとよいでしょう。作成後は、きちんと読み直し翻訳ミスがないか確認するのを忘れないでくださいね。

英語の履歴書.com
http://www.eigonorirekisho.com/
翻訳と辞書
http://www.kotoba.ne.jp/

Hanako Suzuki
Asahi Apt. #205,1-12-30
Tomigaya, Shibuya-ku
Tokyo 151-0063
TEL:03-1234-5678(home)
090-1234-5678(mobile)
22 July, 2008

A

Manager of the Personnal Dept.
ABC Airlines Co.,Ltd.
ABC Building 1-20-35
Yurakuchou Chiyoda-ku Tokyo 100-0006

Dear Sir/Madam,

I am interested in being selected for the position of Cabin Crew at your airline, as I believe that my experience, skills and personal attributes would make me an asset to ABC Airlines.

From my previous employment, one of which gave me the opportunity to work outside of Japan, I have gained a lot of experience to ensure excellent customer service and that client satisfaction is always achieved. After graduation of junior college, I had worked at a ABC department store for three years, before I went to Australia, to work as a diving instructor, where I have gained the experience of dealing with the people from different back grounds. I am very successful in my current job as a Front Desk Clerk at ABC Hotel because of my interpersonal skills and dedicated work habits. I have the ability to recognize individual clients' needs and assist them accordingly. Being very adaptable, I enjoy working with others, follow directions well, and thrive in a team environment.

B

I believe in the concept of your airline, "Passengers will have an enjoyable flight if the crew is working in a fun atmosphere." I would appreciate the opportunity to be a part of that team of yours. Although new to the aviation industry, I am eager to learn. I believe I am a strong candidate for the position with my experience at the Customer service industry, and my enthusiasm to be a member of ABC Airlines.

Thank you for your time and consideration. I would be delighted to have the opportunity to talk with you in further detail. I may be reached at:090-1234-5678 or at:hanako_suzuki@email.com（via email）at your convenience.

C

Yours faithfully,

（直筆の英語サイン）
Hanako Suzuki

Enclosure: English and Japanese resumes **D**

A 名前、住所、電話番号、日付を右上に、次に左寄せで宛先を記入します。

B 新卒や職歴の短い人は、仕事を通じて身に付けた能力をアピールすることが難しいので、代わりに学歴あるいは保有資格をアピールすることになります。アルバイト、ボランティア、インターンシップ、留学経験で学んだことなど、積極的にアピールしましょう。また、経験不足を補う上でも意欲や貢献度を忘れずにアピールすることも大切です。

C 感謝の意を伝えるだけでなく、あなたとすぐに連絡ができるように文末に連絡先を明記するとよいでしょう。

D 同封物を最後に記入します。（この場合は、英語と日本語の履歴書を同封しているという意味です。）

拝啓

御社の客室乗務員募集に応募いたしたく、お手紙を送らせていただきました。私のこれまでの経験、スキル等を通して、必ずや御社のお役に立てるものと信じております。

短大を出てからこれまで５年間の経験を通じ、私は接客というもの、お客様にいかにご満足いただけるか、といったことを学んで参りました。卒業後はまずABC百貨店にて３年勤務し、ここで接客の基本を学びました。その後、ダイビングインストラクターとして働く機会を得たオーストラリアのケアンズでは、文化の違う方達と接することの難しさも勉強いたしました。そういった経験を生かし、現在働いておりますABCホテルでは、常に一生懸命働こうという姿勢とあわせ、フロントデスク係員として、微力ながら役に立っているものと信じております。こうした経験を通じ、私はお客様のニーズを理解し、それにすぐさま対応することの大切さ、そしてまた、チームの一員として働くことの重要さも、身にしみて理解しているつもりでおります。

御社の、働くものが楽しめる環境こそがお客様にとって楽しいフライトを作る、という理念に、心を打たれました。いつか、そのメンバーとして私が加わることができ、その環境づくりのお手伝いをすることができたらこれほど幸せなことはないと思うに至り、必ずやお役に立てるものと信じて、ここに応募させていただく次第です。私は航空業界は未経験ながらも、学ぶ意欲を強く持っております。私のこれまでの接客業での経験と、ABCエアラインの一員になりたいという熱意は、今回の採用における有力な候補者とみなしていただけるに足ると信じております。

最後までお読みいただきありがとうございます。詳細について貴社と話せる機会をいただけることを楽しみにお待ちしています。私への連絡の際には、090-1234-5678にお電話くださるか、または:hanako_suzuki@email.com までメールにていつでもご連絡ください。

敬具

英語面接になると、急に普段と様子が違ってしまう人が多いものです。苦手意識や極度の緊張のせいかと思いますが、次の4つのポイントを忘れずに臨んでください。

POINT

1 使う言葉が違うだけ。面接を楽しんで！

2 立ち居振る舞い、身だしなみ、面接マナーは基本的に日本語の面接と同じです。

3 面接では、面接官と受験生が言葉をやりとりする「コミュニケーションの場」ということを忘れないで！

4 難しい単語やフレーズを無理に使わなくても、高校までに習った程度で十分！

とはいえ、質問の意味が分からなければ、答えることはできません。同じ答えを求める質問にも、表現がいくつかありますので、なるべく多くの質問を調べておきましょう！

面接で必須の自己紹介と志望動機を中心に質問が続きます。ここでは、外資系航空会社の面接でよくある質問を具体例としてご紹介します。基本的な質問についてはあらかじめ自分の伝えたい内容をどう表現できるのかを準備しておくと、心構えができ、面接当日も日頃の実力を発揮できるはずです。

■ Would you please tell us why you would like to be a cabin crew?
（あなたが客室乗務員になりたい理由は？）

■ Can you tell me a little bit about yourself?
（あなた自身について、手短に話してください）

■ What is your greatest strength (or weakness)?
（あなたの長所/短所は？）

■ What motivates you most at work?
（志望動機は？）

■ Tell us why we should hire you. What are the differences from the other candidates?
（我々があなたを採用すべき理由を聞かせて下さい。他の受験生との違いは？）

その他、よくある質問もいくつかご紹介します。なお、聞き方のバリエーションを知るための紹介として、日本語訳をつけていますので、中には直訳に近いものもあります。

あなた自身に関して

- Please tell me a little about yourself.
  (あなた自身について、手短に話して下さい)
- What are your strong points and weak points?
  (あなたの長所/短所は？)
- How do people describe you?
  (人からあなたはどのような人だと言われますか？)
- Please tell me about your character.
  (あなたの性格について話して下さい)
- What part of yourself would you like to improve?
  (あなたがさらに伸ばしていきたい点は？)
- What are some of your interests outside of work?
  (仕事以外であなたが興味のあるものは何ですか？)

志望動機や貢献度に関して

- What motivates you?
  (あなたにそうしたいと思わせるもの（志望動機）は？)
- How do you feel about the job of a cabin crew?
  (客室乗務員という職業をどのように感じていますか？)
- Why did you decide to become a cabin crew?
  (どうして客室乗務員になろうと決意したのですか？)
- Why did you choose our company to (apply to)?
  (どうして弊社に応募したのですか？)
- Why are you applying to a foreign airline company rather than a Japanese one?
  (なぜ日本企業ではなく、あえて外資系企業の航空会社に応募するのですか？)
- What are the differences between Japanese airline companies and foreign ones?
  (日系航空会社と外資系航空会社の違いは？)
- What do you think about a workers' strike?
  (労働者のストライキについてどうお考えですか？)
- Why should we hire you? (Please tell me why we should hire you.)
  (我々があなたを雇うメリットを教えてください)

大学での専攻と客室乗務員希望理由の関連性について

- Why did you choose this major?
  (なぜその学科を選んだのですか？)
- You majored in jurisprudence. Why do you want to be a flight attendant?
  (法律を専攻されていますが、なぜフライトアテンダントなのですか？)
- Why don't you work in a field related to your major?
  (どうして専攻された学科に関係するような分野の仕事に就かないのですか？)

ある状況に対して、意見を述べさせる質問

- How would you deal with a passenger who suddenly lost his temper during the flight?
  （フライト中に突然、カッとなった乗客に対してどのように接しますか？）
- If your American colleague worked very bad, what would you do?
  （もしアメリカ人の同僚が全く仕事をしない人物だったとしたら、あなたはどうしますか？）
- You see a passenger smoking during the flight. What will you do?
  （フライト中に機内で喫煙している乗客を見つけました。あなたならどうしますか？）

各質問の答えに続けて「掘り下げる」ときの質問

- Why do you think so?
  （なぜそう思ったのですか？）
- Could you tell us more about it ?
  （その点について、もっと詳しく話してください）

実際に英語インタビューを受ける時「こんな時はなんて言えばいいのだろう」と不安に思うことが多くあります。ここでは、覚えておくと役立つちょっとした表現をいくつかご紹介します。他にも役立ちそうなちょっとした表現を用意しておくことをおすすめします。

入室するとき

- Good morning／afternoon.
  (日本語なら「失礼いたします」で入室しますが、英語では挨拶をします)

同意を示したいとき

- I agree.
- I think so too.
  (「そうですね」の意)

質問が聞き取れなかったとき、わからなかったとき

- Pardon me?
- Could you say it again?
- I'm not sure what _____ means.
- Could you define it for me?
- I'm afraid that I don't understand very well.
  (黙ってしまわずに、必ず聞きなおしましょう)

咳払いしたときや声がかすれたとき

- Excuse me.
  (「失礼しました」の意。I' m sorryではありません！「すみません」の意で謝らないよう注意しましょう)

言葉につまってしまったとき

- I don't know what to say.
- How can I say_.
  (どちらも「なんと言っていいのか……」の意。困った時も沈黙せずに言葉を発します)

退室するとき

- Thank you (very much).
- Thank you for your time.
- Thank you for the good time.
- Have a nice day.
- Good bye.
  (入室と同じく、挨拶で退室します)

Case 英語グループ・ディスカッション

英語でのグループ・ディスカッションが行われる企業もあります。

グループ・ディスカッションは、集団の中で、どのような役割を果たせる人物なのか、仲間への協力の意をどのように示し、具体的にどう伝えるのか、といった人柄を伝えるチャンスです。

もちろん、英語を使ってどのように人とコミュニケーションするのか、語彙力はどの程度なのか、相手の話をどの程度理解できるのか、も見る側に伝わります。ついつい、上手く話そうと構えてしまいがちですが、実は英語がどれだけ話せるのかは、二の次です。

ここでは、そんな場面で使える簡単なフレーズを、英会話が苦手な人のためにいくつかご紹介します。

自分の意見を述べるとき

- I think　～
- I believe ～
- I am not sure, but I guess ～

他の人の意見を明確にするとき

- What you are saying is ～?
- Could you be a little more specific?

別の意見を述べるとき
（※極端に対立しないように注意が必要です）

- I have another idea.
- I have a different opinion on it.

他の人の意見を求めるとき

- What do you think about ～ ?
- What is your opinion about ～ ?
- How does it sound to you?

提案するとき

- How about ～?
- What do you say if ～?
- Would you consider ～?

他の人に同意するとき

- I agree with you.
- I think so, too.
- That sounds great.

英語面接についてのアドバイス

業界、職種にもよりますが、共通しているのは「ネイティブ並みに話せるからといって、それだけで内定をもらえる訳ではない」ということです。

海外在住歴や留学経験のある人は、ついつい使い慣れたスラングやカジュアルな表現をしてしまうことにも注意してください。

また、中には英語になると日本語で話しているときとは「人が変わったように」攻撃的で自己主張が強くなり過ぎる人もいます。

海外勤務で日本語を一切使わない職場でもない限り、基本的には日本人としてのアイデンティティーを大切にしている人物であり、美しい適切な日本語を使えることが求められます。

そして、日本語同様、その場に適した表現を心がけて、あくまでもツールとして英語を使ってコミュニケーションを取っているだけだということを忘れないでください。

Case

英語学習

U-CAT

就職活動中の人から「英語が苦手で、不安なんです」という声をよく耳にします。

実際には、その人の英語のレベルと志望する業界、企業、職種の求める英語力が、それぞれ違うので、簡単にはアドバイスできません。しかし、これだけは言えることがあります。それは「英語力を求められる仕事に就いたら、実際に仕事をする上で使えなくて苦労するのは自分自身。だったら、できるだけ早いうちに少しずつ実力をつけておくことが一番！」ということ。

実際に私のコーチングを受けて、某国内大手航空会社でCAをしている女性にもおすすめしたのが、ここでご紹介しますu-CAT（ユーキャット）です。彼女は「英語に自信がないので、私は国内の航空会社しか受けません！」と言っていた程。そんな彼女も働きはじめると「やはり国内の航空会社でも英語は必要です。仕事では英語以外にも覚えることが多くて大変ですが、毎日が勉強だと思って少しずつ取り組んでいます」と言っていました。そんな彼女から、ある時「長尾さんにご紹介いただいたu-CATで勉強していたおかげで、TOEICの点数が100点以上もアップしました！　ありがとうございます！」というお礼の言葉をもらいました。

就職活動が始まると、なかなか英語の勉強時間が取れずについつい後回しになってしまうのも事実。この本を手に取って下さっている人の役に少しでも立てるなら……と今回、u-CATについても紹介のページを設けましたので、ぜひ参考にしてください。

1 インターネットを活用

TOEIC学習サイト
u-CATで特急！スコアアップ

POINT

1 スキマ時間にインターネットを活用して学習する

2 効率的で低価格なu-CATを利用する

中には、これまでにTOEICを受けたことがないという人、思うようにスコアが伸びなかったという人がいるかもしれません。

短期間でスコアを上げたいけど、何をすればいいんだろう……と悩んでいるなら、インターネットを上手に活用するのがおすすめ。

インターネットでエントリーやテストを受けることが多い就職活動。そのスキマ時間に学習サイトにアクセスして、スコアを上げましょう！

英語の授業中、難しくてついていけなかったり、逆に簡単すぎて退屈だったこと、ありませんか？

TOEIC学習サイト「u-CAT」は、学習者の英語力を診断し、その人に合った問題をコンピュータが選ぶしくみ。

本番のTOEICそっくりの模試であなたの予想スコアを出してくれます。しかも、苦手な問題を分析して、【あなただけの練習問題】が出るんです。

このオーダーメイド感覚のTOEIC学習、とってもリーズナブル。なにかと出費がかさむ就職活動時期にうれしい、2940円(税込)です。

2 u-CAT 学習の流れ

まず英語力測定。
強化学習にはあなたの弱点を完全フィードバック！

u-CATでの学習は、テストによる「英語力測定」と、その測定結果にもとづいた「強化学習」がうまく結びついた形で行われます。

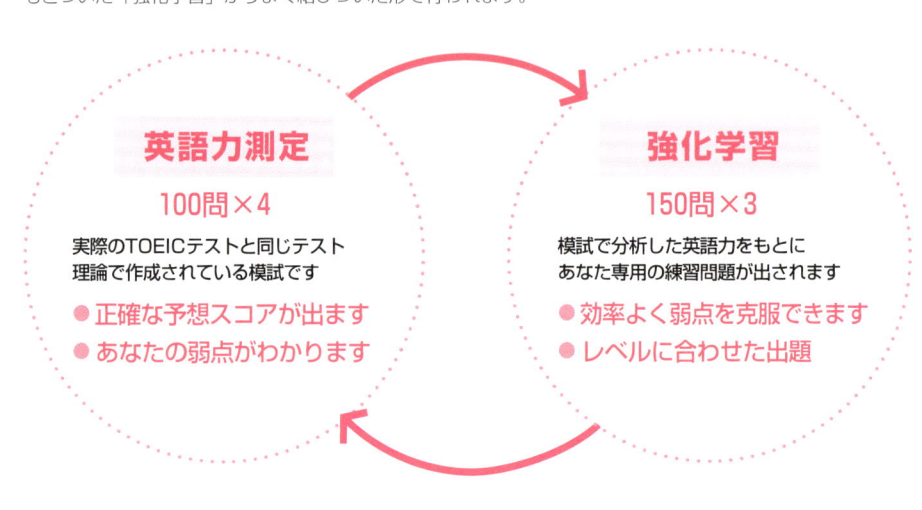

英語力測定

100問×4

実際のTOEICテストと同じテスト理論で作成されている模試です

- 正確な予想スコアが出ます
- あなたの弱点がわかります

強化学習

150問×3

模試で分析した英語力をもとにあなた専用の練習問題が出されます

- 効率よく弱点を克服できます
- レベルに合わせた出題

学習の流れ

1. 診断テスト
   英語力測定＆弱点分析
2. ホームワーク
   1でわかった弱点を強化
3. 第1回模擬テスト
   英語力測定＆弱点分析
4. ホームワーク
   3でわかった弱点を強化
5. 第2回模擬テスト
   英語力測定＆弱点分析
6. ホームワーク
   5でわかった弱点を強化
7. 第3回模擬テスト
   英語力測定＆弱点分析

3 U-CAT の利点

とにかく本試験に近い！

韓国TOEIC委員会を傘下にもつ企業がつくったので、本試験の傾向に忠実。解答状況に合わせて出題を変えます。

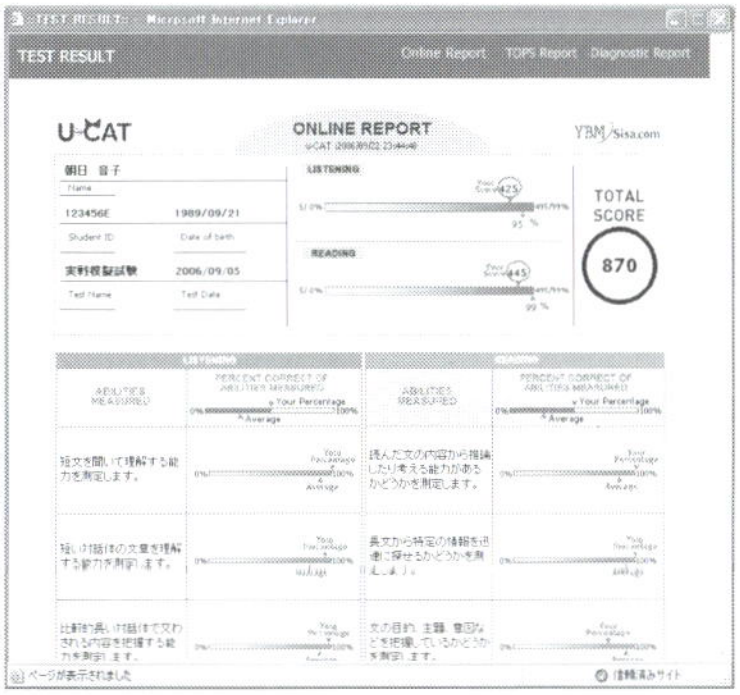

TOEIC公式認定証にそっくりの成績表。採点の手間なくスコアがわかるのはインターネットならでは。

大手企業にも採用されており、信頼できます

u-CATは全国の大学・短期大学・高等専門学校で採用されている他、大手金融機関の内定者研修など、企業内研修にも導入されています。企業の人事部門に評価されている学習法だとすると、試してみる価値がありそうですよね。

2007年度の大学授業では、平均スコアが100点以上、上がったところもあったようです。

採用大学での平均スコアの推移例（2007年度）

私立大学A
246点→369点
123点UP

私立大学B
429点→512点
83点UP

（提供：朝日出版社）

こういう結果が出ていると、「私もスコアを上げるぞ～」とモチベーションも上がります。

英語力で損をするのはもったいない！　だけど時間もかけられないなら、特急で結果を出しましょう。

さらにくわしい情報はこちらから得られます。

パソコンから→ http://www.asahipress.com/u-cat/
ケータイから→ http://asahipress.jp/u-cat.html

年間アカウント付きのガイドブックは書店で購入できます。
「eラーニングによる新TOEIC(R)TEST徹底レッスン」（税込2,940円）

Case 気をつけたい言葉

立ち居振る舞い、挨拶の仕方、面接での言葉づかいや話し方のポイントなど、これまでに書かれていたことをしっかりと実践すればあなたの就職活動はきっとうまくいくはずです。しかし、どんなに立ち居振る舞いが美しく、話し方に好感が持てたとしても、たったひとつのミスでその振る舞いが「付け焼刃」であることを見抜かれてしまう場合もあります。もちろん、小さなミスなどかすんでしまうほどの魅力をあなたが持っていれば何の問題もありませんが、面接の場では何が起こるかわかりません。不安の芽は少しでも摘み取っておきたいものです。

ここでは、ミスをしやすい言葉や表現をまとめてみました。学生なら、誰しもが思い当たるフシがあると思います。「細かいこと」とないがしろにせず、確認してみてください。

1 イントネーション

普段、私たちが何気なく使っている言葉には、本来のイントネーション（抑揚）とは違ったものが一般的に広まり、知らず知らずのうちに癖になっているものがあります。緊張している面接の場面では、気づかないうちに使ってしまうので、事前に自分のクセを確認して、イントネーションの確認をしておくことをおすすめします。

イントネーションに気をつけたい言葉

クラブ　ゼミ　マウス

パンツ（下着ではなくアウターのパンツ）

デニム　ネイル　バイク　シフト

など

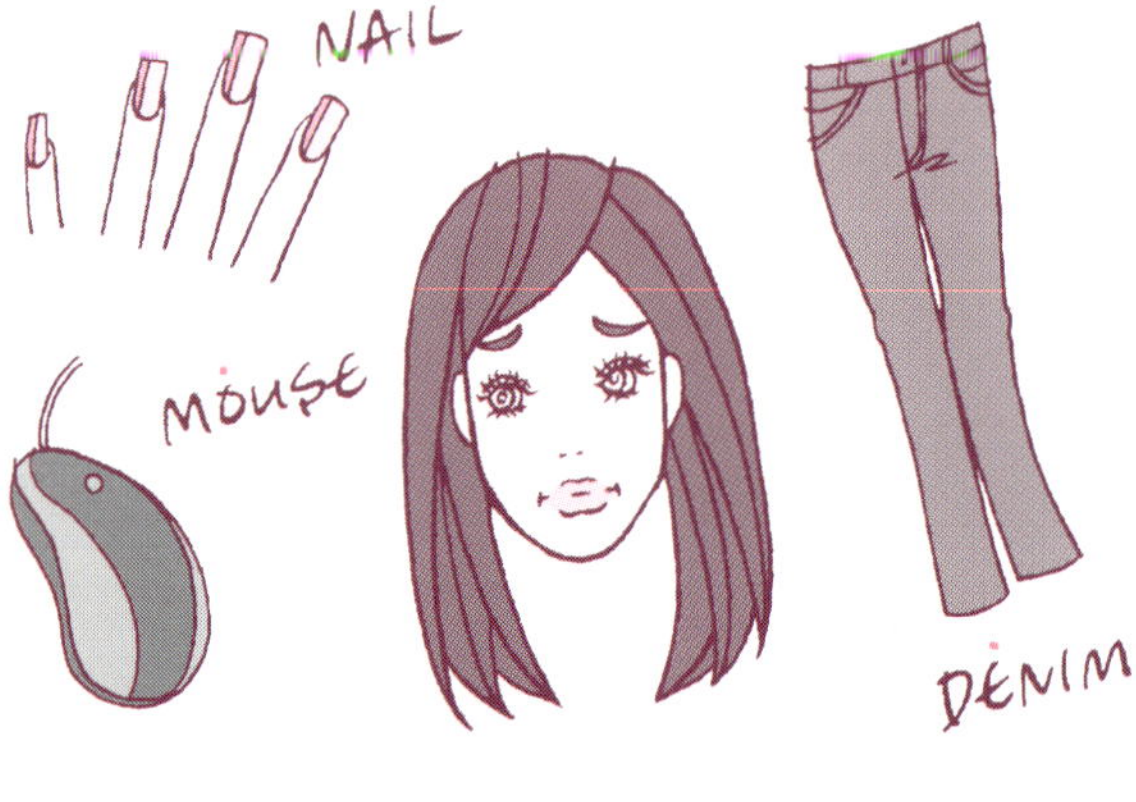

2 学生言葉

学生同士で当たり前のように使っている言い回しやよく耳にする言葉にも、社会人としてはふさわしくない言葉や表現があります。口癖になっていることも多いので、早目に自己チェックをするか、まわりの人たちに指摘してもらって、直しておきましょう。自分の話している言葉を客観的に知るためには、携帯電話の録音メモ機能等を利用して、録音してから改めて聞いてみることをおすすめします。

使わないように心がける言葉

- 私的には…
- やばい
- え〜っと
- …ですね（文末の「ね」）

言い換えが必要な言葉

わたし（私）→わたくし

友達→友人

お父さん/お母さん→父/母

お兄ちゃん/お姉ちゃん→兄/姉

お茶する→お茶を飲む（いただく/楽しむ）

超〜→とても、たいへん、非常に

…てゆーか→…と申しますか

○○とか○○→○○や○○

やっぱり→やはり

ちょっと/ちょっぴり→やや、少々、少し

ブルーになる→気が滅入る

オジサン/オバサン（年配の方を指す時）→男性/女性の方

外人→外国の方、外国人

マジ（で）→本当に

○○オタク/マニア→○○が好きな方　　など

3 略語

日常会話では、誰でもわかる言葉として省略して使っている言葉が多くあります。しかし、面接の場面では省略した言葉は避けましょう。たとえ、面接官や集団面接を一緒に受けている人が使っていたとしても、あくまでもていねいに言い換えて美しい日本語を心がけましょう。

ただし、中には略語で使っても大丈夫な言葉もあります。言葉にして口に出す前に「どう表現したらいいのか？」を心に留めるクセをつけておくことをおすすめします。迷ったときには、アナウンサーが報道番組で使える言葉かどうかを考えてみると目安になりますよ。

カタカナ言葉

アイス→アイスクリーム
アニメ→アニメーション
アニソン→アニメソング
アメフト→アメリカンフットボール
アングラ→アンダーグラウンド
インカレ→インターカレッジ
エアロビ→エアロビクス
オートマ→オートマティック
カード→クレジットカード
カーナビ→カーナビゲーション
キャンギャル→キャンペーンガール
グラサン→サングラス
ゲーセン→ゲームセンター
コピペ→コピーアンドペースト
コネ→コネクション
コラボ→コラボレーション
コロン→オーデコロン
コンタクト→コンタクトレンズ
コンビニ→コンビニエンスストア
サントラ→サウンドトラック
スーパー→スーパーマーケット
スノボ→スノーボード
チア→チアリーディング
チョコ→チョコレート
デジカメ→デジタルカメラ
バイト→アルバイト
バスケ→バスケットボール
ファミレス→ファミリーレストラン
フリマ→フリーマーケット
ポテチ→ポテトチップス
ホムペ→ホームページ
メアド→メールアドレス
メルマガ→メールマガジン
プレゼン→プレゼンテーション
ワンレン→ワンレングス
など

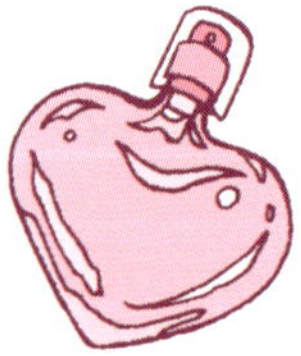

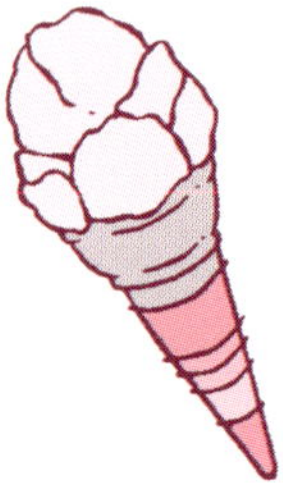

略語

朝練→早朝練習
家電→自宅電話
いた電→いたずら電話
イタ飯→イタリア料理
矯正→歯科矯正
携帯→携帯電話
合コン→合同コンパ
国体→国民体育大会
自販機→自動販売機
写メ→写真付きメール
就活→就職活動
即レス→すぐに返信する
卒論→卒業論文
着メロ→着信メロディ
着歴→着信履歴
出禁→出入り禁止
日舞→日本舞踊
入試→入学試験
販促→販売促進
秘書検→秘書検定
有休→有給休暇
など

大学、企業、商品等の名称

○○短大→○○短期大学
○○大→○○大学
ケンタ→ケンタッキーフライドチキン
スタバ→スターバックス
タワレコ→タワーレコード
ディオール→クリスチャン・ディオール
ディズニー→ディズニーランド
ドコモ→ＮＴＴドコモ
ファッキン→ファーストキッチン
ファミマ→ファミリーマート
マック／マクド→マクドナルド
ミスド→ミスタードーナツ
メンタム→メンソレータム
など

※正式名称代わりとして使われている場合を除く
ＪＡＬ（ジャル）、ＪＴＢ、ＪＴ、東大生、女子大生、早慶戦、文部省、国交省など

そのまま使っても大丈夫な略語

アメリカ（アメリカ合衆国）
ガム（チューイングガム）
韓国（大韓民国）
缶コーヒー
中国（中華民国）
デパート（デパートメントストア）
テレビ（テレビジョン）
パソコン（パーソナルコンピューター）
英検（英語検定）
ゼミ（ゼミナール）
など

4 引っかけ言葉

とてもフランクで、まるで友人や先輩と会話しているような錯覚をさせるやさしい面接官に出会った時には要注意!! ついついポロリと適切でない表現をしてしまうことがあります。逆に言葉遣いがていねいな面接官との会話にも思わぬ落とし穴があります。質問の言葉が尊敬語なので、ていねいな言葉だから……とつい無意識につられてしまい、同じ表現を使ってしまう人が多くいます。へりくだって表現する謙譲語への言い換えが必要かどうか、常に意識する必要があります。

たとえば、こんな質問をされた時は、どう答えますか？

Q1

「ジャニーズ顔ってカッコいいよね。君、ジャニーズの中で誰が好き？」

Q2

「ちょっと意地悪な質問していい？オジサンに手を握られたらどうする？」

Q3

「接客のバイト、頑張ってるんだねぇ。バイト先では、友達できた？」

Q4

「2人姉妹の妹か～。お姉ちゃんとは仲良しなの？」

Q5

関東以外の支店に配属になったとしても、よろしいですか？

Q6

ご両親は就職活動を応援してくださっていますか？

では、やってしまいがちな答えと正しい答え方をご紹介します。

A1 「キムタクの大ファンです！」

芸能人の呼び方は、どんなに一般的だとしても「木村拓哉さん」と言い直しましょう！　人の名前を呼び捨てにしてはいけません。ただし、外国の人を呼ぶ際には、さんをつける必要はありません。肩書きがある場合には「○○大統領」「○○社長」「○○女王」「○○選手」といったように表現しましょう。
もちろん、グループ名でも省略はＮＧ。さんはつけなくても良いですが、ミスチルではなくミスターチルドレンといいましょう。

↓

「ジャニーズの中では木村拓哉さんが好きです」

A2 「オジサンもきっと悪気は無いかと思いますので、さり気なくかわします」

「オジサン」ではなく、「男性の方」や「年配の男性」といった言い換えが必要です。面接官の使った表現をそのまま使ってはいけません！

↓

「その男性の方も、きっと悪気はないと思いますので、さり気なくかわします」

A3 「はい！　バイト先で出会った友達に、親友がいます」

「バイト→アルバイト」「友達→友人」ついつい言い換えミスをしてしまいます。

↓

「はい！　アルバイト先で出会った友人の中に、親友がいます」

A4 「はい。仲良しです。お姉ちゃんとは歳も近いので、気が合います」

「仲良し→とても仲が良い」へ言い換えた方がていねいな印象です。「お姉ちゃん」は身内なので、「姉」と言い換えましょう。

↓

「はい。とても仲が良いです。姉とは歳も近いので、気が合います」

A5 「はい。どちらの支店でもよろしいです」

「よろしい」は尊敬語。ここでは謙譲語の「結構です」へ言い換えます。

↓

「はい。どちらの支店でも結構です」

A6 はい。心から応援してくださっております

「くださる」は尊敬語。更に二重敬語にも要注意です。

↓

「はい。心から応援してくれています」

ふだんの会話なら
OKのように思えますが……

「一番最初／一番最後」

「最初」と「最後」という言葉には「最も」という意味が含まれているので、わざわざ「一番」を付ける必要はありません。「頭痛が痛い」「後で後悔した」も同じ間違いです。

「全然」

「大丈夫ですか？」と聞かれた際に「全然、大丈夫です」という人をよく見かけます。「全然」は、本来「全く～ない」というように、後にくる言葉が否定表現になる場合に使う言葉です。

「情けは人の為ならず」

ことわざや慣用句の中にも、間違った意味に捉えて使ってしまうことがあります。「情けは人の為ならず」とは、「人に親切にすれば、その相手のためになるだけでなく、やがてはよい報いとなって自分にもどってくる」ということです。誤って、「親切にするのはその人のためにならない」と思い込んで使わないよう気をつけてください。

5 日本語として本来の意味が違うもの

一般的にもよく耳にするので、ついつい便利に使ってしまう言葉もあります。日本語は表現が豊かな言語で、大変美しい言葉が多くあります。ぜひ、この機会に美しい日本語を選んで使い分けられるよう普段から心がけてみてください。

スゴイ（凄い）/スゴク（凄く）

→もともとは、「心に強い衝撃を受けて、ぞっと身にしみるさま」を表す形容詞です。現代では、心理的圧迫感を伴わない意味で使われているので、間違って使っている訳ではありませんが、面接のような場面では、できれば別の言葉で表現する事をおすすめします。

||

良い意味でも悪い意味でも使い勝手のよい形容詞です。しかし会話の中で連発されると、聞き手にとって、あまり聞き心地のよい表現とはいえません。

「凄い（凄く）」を別の言葉で言い換える際に使える言葉の例としては…

大変

凄い時間がかかりました。
▶▶ **大変**時間がかかりました。

とても

凄く可愛いと思います。
▶▶ **とても**可愛いと思います。

素晴らしい

凄い景色に感動しました。
▶▶ **素晴らしい**景色に感動しました。

国語辞典で調べてみると、以下のような意味が出てきます。

ぞっとするほど恐ろしく思う。
たいそう気味が悪い。
■「凄い」目つきで睨まれる。

恐ろしいほどすぐれている。
ぞっとするほどすばらしい。
■「凄い」美人。

常識では考えられないほどの能力・力をもっている。並はずれている。
■「凄い」怪力。

程度がはなはだしい。
■デパートは「凄い」混みようだ。

第5章

身だしなみ

スーツスタイル

Suits style

インナー

インナーは、白いシャツかカットソーです。シャツは業界によっては、うすいピンクやブルーでもOKですが、カットソーの場合はカジュアルになりやすいので色は必ず白で、下着が透けて見えることのない生地のものを選びましょう。カットソーで気をつけなくてはいけないのは、襟元の深さです。スッキリ痩せて見えるからといって、あまり胸元まで深いカットのデザインを選んでしまうと、おじぎをした瞬間に胸元が露になってしまうことがありますので、気をつけてください。

アクセサリー

アクセサリーは華美になり過ぎてしまう恐れがあるので、つけないほうが無難です。しかし、人に見られる職業の場合にはセンスも問われますので、小ぶりで上品なネックレスやイヤリング（ピアス）をさりげなく身につけるのも好印象です。ゴールドよりもシルバーのほうが、清潔感があります。小さな粒のパールアクセサリーもおすすめします。一連パールネックレスを着けるときには、長さにも気をつけましょう。長すぎると老けて見えます。首の細い人は、何粒か抜いてもらい、その余りでピアスやイヤリングを作ると同じ色で揃えられます。

バッグ

バッグは基本的に黒です。書類を渡すときなど、床に置くこともあるので、底に鋲がついていて、自立する形のしっかりしたものがよいでしょう。書類を折り曲げずに入れる必要があるため、サイズはA4が入る大きめのものにします。肩にバッグをかけていると姿勢のゆがみにもつながりますし、ジャケットにシワがつくこともありますので、持ち手の長すぎない、手で持って歩くことのできるタイプを探しましょう。

スーツ

就職活動に欠かせないリクルートスーツ。色は黒、グレー、濃紺が一般的です。この中から、あなたにいちばん似合う色を選びましょう。ジャケットのボタンが2つか3つかで悩む人もいますが、面接官はボタンの数など気にしていません。何より大切なのは「サイズがあっているか」「あなたに似合っているか」です。細かいことは気にせずに、あなたのよさが映えるものを探しましょう。

スーツはたくさん試着をし、肩幅、ソデ丈、ジャケット丈、ウエストサイズ、スカート丈が合うかを確認後、全体のラインをチェックしてから購入しましょう。ちょうどよいサイズが見つからない場合は、多少出費がかさんでもお直しすることをおすすめします。逆に候補がいくつかあって、迷ったときはシワになりにくい素材を選ぶとお手入れがラクですよ。

パンプス、ストッキング

パンプスは、足がきれいに見えるようにややヒールのあるシンプルなデザインの黒いものを選びましょう。個人的には、ひざ下が長く、スタイル良く見える5cm〜7cmの高さをおすすめします。金具がついているもの、足が短く見えるストラップ付きのものは避けましょう。就職活動中、面接が重なると1日に長い距離を歩くこともあるので、足に合っているもの、そしてヒールは細すぎない歩きやすいものを選びましょう。ただ、安定感があるからとあまり太すぎるヒールを選んでしまうと足元が重たい印象になってしまうことがあります。スーツを着た上で、鏡で後ろ姿も確認するようにしてください。なお、つま先が丸いパンプスより、少しスクエアトゥのものや極端ではない先細りのトゥの方が、足がより美しく長く見えます。

ストッキングは肌の色に合わせることが大切です。色白に見せようと、白すぎるストッキングをはくと、足だけ浮いているように見えて滑稽です。自分の肌と同色、またはやや濃い色を選びましょう。

ACCESORY
OK!
SHOULDER
NG!
INNER
OK!
SHIRT OR CUT SEW
OK!
SLEEVE
NG!
JACKET.
NG!
BAG
OK!
SKIRT
NG!
PUMPS
OK!
OK!
NG!
NG!
SUIT STYLE ♥

ヘアスタイル

Hair style

あなたにぴったりのスーツを購入したら、次は髪型です。

まず、明るい茶色（またはもっとハデな色）に染めている人は、自然な黒髪に戻すところから始めましょう。面接の当日だけスプレーで黒くする人もいますが、緊張して汗をかいたりすると、色が落ちてシャツについてしまうこともありますので、髪色にこだわりがある人もスーツ姿に合う色に戻すようにしましょう。

１章の立ち居振る舞いでも述べたように、髪の毛がハネたり前髪が目にかかっているのは言語道断です。また、おじぎをしたときに髪の毛が顔にかかり、おじぎが終わった後に気になって手で払わなくてはならないような髪型も避けます。ミディアムヘアの人はポニーテールにしてまとめるか、落ちてくる部分の髪を耳の後ろで隠しピンで留めておきましょう。おじぎをしても、髪の毛が落ちてこないロングヘアの人はハーフアップですっきりと。もちろん、全ての髪を１つにまとめてシニヨンにしたり、毛先まで艶が出るよう丁寧にブローした上でポニーテールにする髪型も好印象でおすすめです。ショートヘアやショートボブの人は後ろの髪の毛が落ちてくることはありませんが頭頂部、サイドの髪の毛がハネてしまうと、非常に目につきます。オシャレでわざとそうするスタイルの髪型も可愛いのですが、面接の場では適切ではありません。結んでしまえない分、難しいかもしれませんが、ピンやワックスを使って艶のある清潔感溢れる印象に見えるようにうまくまとめましょう。

POINT

1. **前髪が目にかかっていないか**
2. **耳の横やうなじなどに後れ毛が出ていないか**

それぞれの
まとめ方

ショート

ミディアム

ロング

私服

Casual wear

面接が進むと、スーツではなく私服で来てくださいと指定されることがあります。いわゆる私服面接です。中には「カジュアルスタイルで結構です」の言葉をそのまま受け取って、いつも通りの服装で面接に臨む人いますが、ここでは「社会人らしさ」がチェックされています。目上の人と会う面接という場にふさわしい服装を選びましょう。

絶対に避けたほうがよいのは、色やデザインが派手すぎるものや露出が高いミニスカートやノースリーブ、カジュアルすぎるジーンズやスニーカー、セクシーすぎるピンヒールなど。彼の家にご挨拶に行くと考えて、目上の人に「清楚で、品のあるお嬢さん」と思わせるコーディネートを選びましょう。なお、私服面接では、リクルートスーツでは選ばないような明るい色もOKです。自分が1番魅力的に見えるお気に入りの一着で面接に臨んでください。

POINT

1 **ジャケットはカジュアルなものでも良いので、できるだけ着用しましょう**

2 **おじぎをしてよろけたりしないように、パンプスはヒールの高すぎない、安定感のあるものを選びましょう**

KNIT
+
TIGHT SKIRT
+
JACKET

ニットは胸が開きすぎていないものを選びましょう。タイトスカートは、短くなりすぎないようスーツのスカートの長さを目安に。

ONE PIECE
+
CARDIGAN
+
JACKET

花柄や幾何学模様などの派手な柄のワンピースは避けます。シンプルなデザインで、肩が出ないように袖のあるものを選ぶか上着を着用しましょう。

SHIRT
+
PANTS
+
JACKET

シャツのすそは、パンツの中に入れます。カットソーでもＯＫですが、しゃがんだりおじぎをしたりする際に背中が見えてしまうことがあるので要注意。

ネイル
Nail

面接では書類の提出時や面接で話を聞きながら手元をよく見ている面接官が多くいます。長すぎる爪、汚れた爪、お手入れをしていない手元は自分で思っている以上に目立ち、だらしない人だと思われてしまいます。

業界によって、ネイルは塗らないほうがよい場合もあります。そのような面接でも爪を綺麗に磨いておくか、透明のトップコートを使って美しく保つようにしましょう。

ネイルを塗る場合には爪の長さに気をつけ、健康的な自然な色のネイルを選ぶようにします。おすすめは、桜色に近いピンク系、薄いオレンジ系など。肌色に近い白すぎないピンクベージュも上品です。色選びでは必ず自分の肌に合う自然に見えるものを探してください。また、塗りやすいからといってパール系の強いもの、ラメが多く入っているネイルは避けましょう。

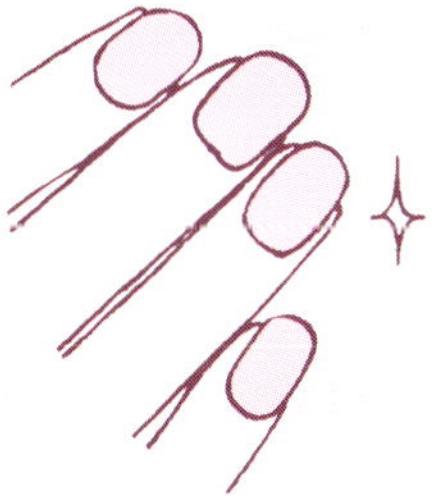

上品なうすい
ピンクのネイル

NG

ゴテゴテのネイルアート

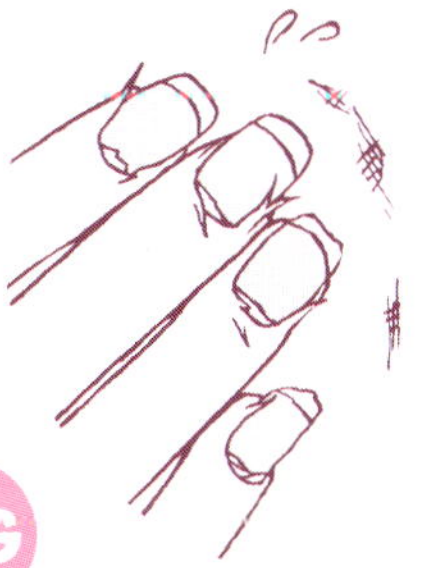

NG

ささくれがあり爪が
伸びた汚い手

メイク

Make up

面接でのメイクは普段のメイクとは少し違います。自分の好みは脇に置いておいて、リクルートスーツにふさわしい清潔感溢れる、健康的で明るい雰囲気のメイクを心がけましょう。

そして、決して忘れないで欲しいのはメイクは自分をよく見せるためではなく「自分と時間を共にする人達に気分よく接していただくための身だしなみ」ということです。メイクをしても、不健康に見えるようではダメです。健康的に見える人とは、安心してお話することができます。肌荒れや目の下のクマが出ないように普段から基礎化粧品やお手入れにも気を配り、美肌を保つように心がけましょう。

また、濃すぎるメイクは場の雰囲気に合わず、相手に不快感を与えます。必ず、受験する業界や会社の雰囲気、志望する職種に求められる身だしなみを意識して、その場にふさわしいメイクを目指しましょう。

逆に、すっぴんにしか見えないくらい、薄すぎるメイクもおすすめできません。普段は、ファンデーションを塗らない、口紅の代わりにグロスだけといった人も、スーツに身を包んだら、スーツ姿にふさわしいキチンとした印象のメイクをしてください。

メイクも身だしなみのひとつです。自分に合うメイク用品やメイク方法を身に着けるのに、時間がかかる人も多くいます。また、雑誌の記事などは、今の流行に合ったメイクがほとんどですので、実際に化粧品メーカーのカウンターにスーツ姿で立ち寄り、自分に似合う色やメイク方法について相談してみましょう。

この本では面接にふさわしいメイクについてのページをご用意しました。ここで紹介するIPSAの商品には、ひとりひとりの肌状態に応じた基礎化粧品がラインナップされ、上品な仕事の場面で使える色の商品が多いので、私も普段から愛用しています。ぜひ、そちらも参考にしてください。

肌質と春・夏の最適ファンデーション

Skin types and foundation

面接にふさわしいメイクには、ファンデーションは欠かせません。普段はポイントメイクのみで、ファンデーションを使ったことがないという人は、自分の肌の状態に適したファンデーションを探すところから始めましょう。IPSAでは「肌の悩み」や「肌の状態」にあわせて、6種類のファンデーションを揃えています。

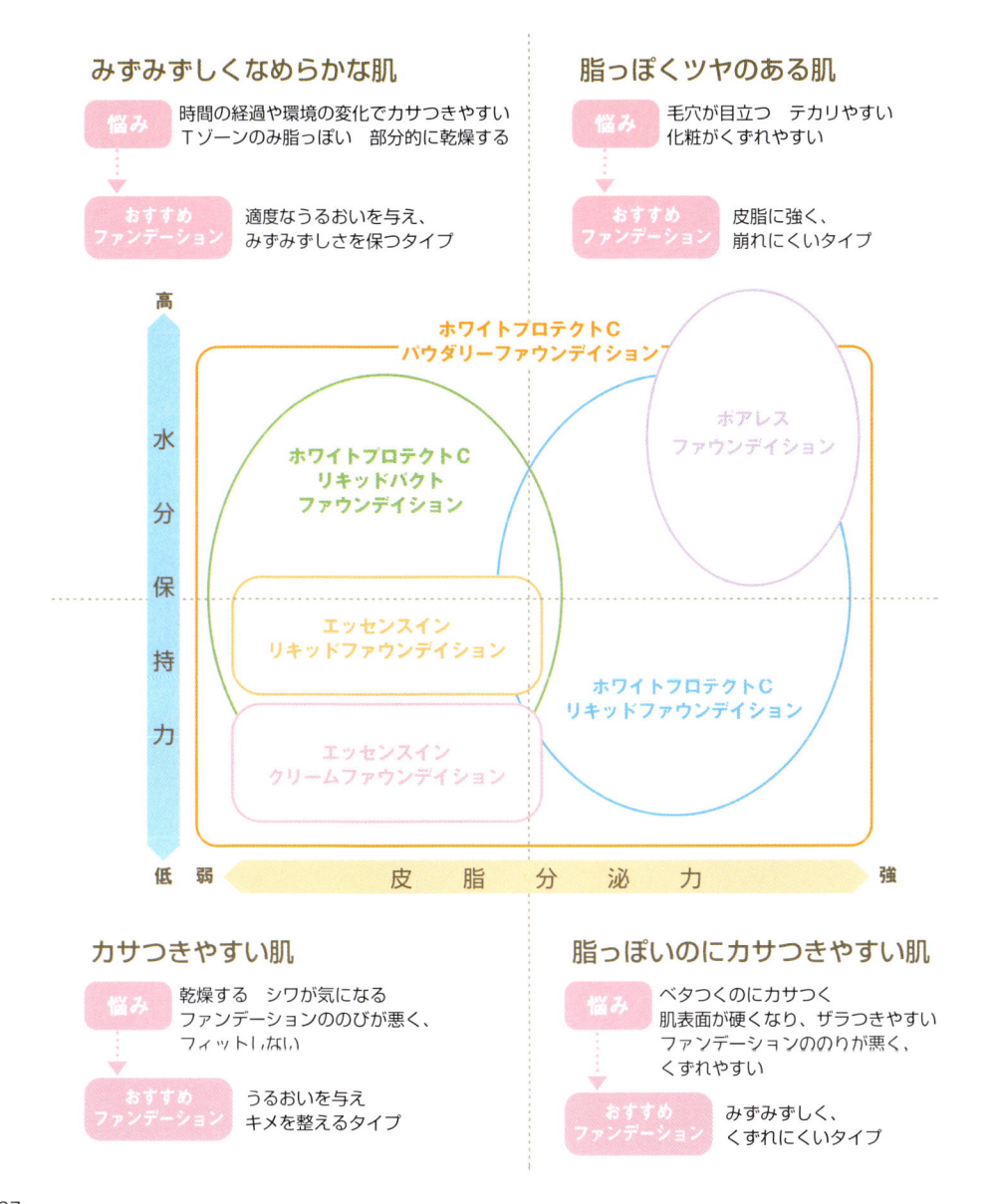

みずみずしくなめらかな肌

悩み　時間の経過や環境の変化でカサつきやすい　Tゾーンのみ脂っぽい　部分的に乾燥する

おすすめファンデーション　適度なうるおいを与え、みずみずしさを保つタイプ

脂っぽくツヤのある肌

悩み　毛穴が目立つ　テカリやすい　化粧がくずれやすい

おすすめファンデーション　皮脂に強く、崩れにくいタイプ

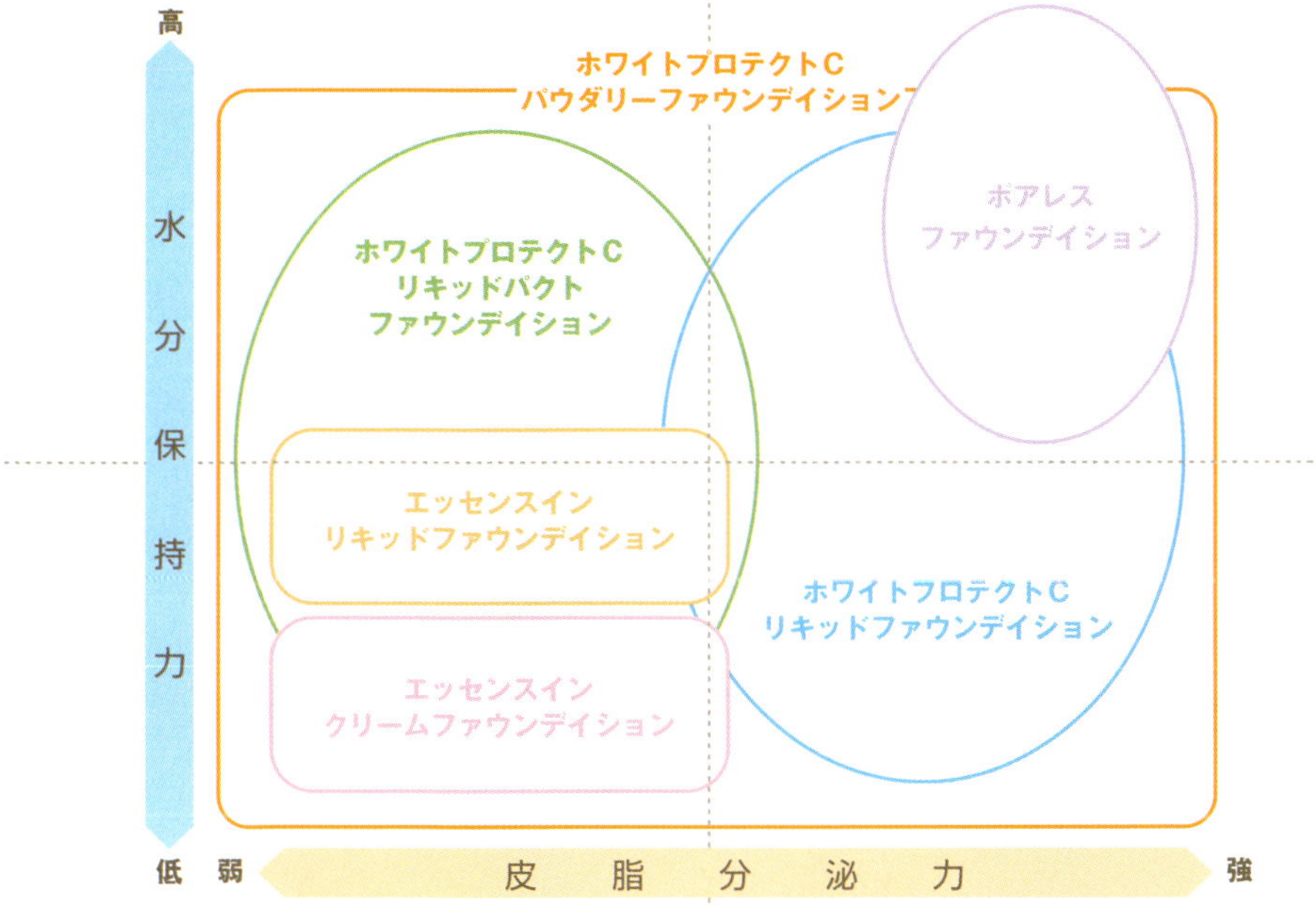

高
水分保持力
低
ホワイトプロテクトC
パウダリーファウンデイション
ホワイトプロテクトC
リキッドパクト
ファウンデイション
ポアレス
ファウンデイション
エッセンスイン
リキッドファウンデイション
ホワイトプロテクトC
リキッドファウンデイション
エッセンスイン
クリームファウンデイション
弱
皮脂分泌力
強

カサつきやすい肌

悩み　乾燥する　シワが気になる　ファンデーションののびが悪く、フィットしない

おすすめファンデーション　うるおいを与え　キメを整えるタイプ

脂っぽいのにカサつきやすい肌

悩み　ベタつくのにカサつく　肌表面が硬くなり、ザラつきやすい　ファンデーションののりが悪く、くずれやすい

おすすめファンデーション　みずみずしく、くずれにくいタイプ

ベースメイク
Base Make up

リキッドファンデ

After

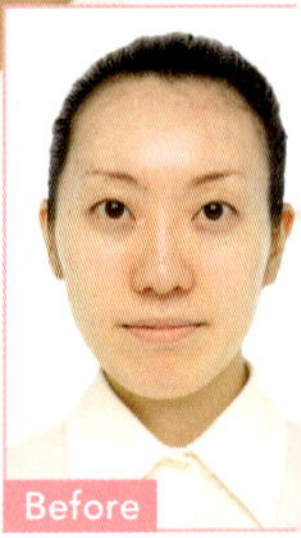
Before

読者モデル 吉永恭子さん
（跡見学園女子大学卒業）

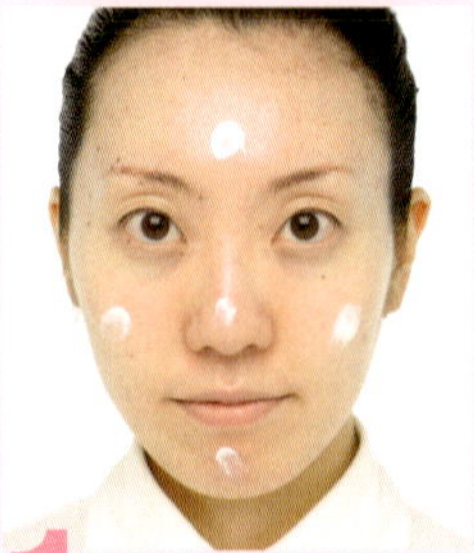

1 下地

日焼け止めの効果もある「プロテクター デイシェルター ブライトビジョン」を顔の５ヶ所にのせ、ていねいになじませます。混合肌の吉永さんはTゾーンの脂浮きが気になるので、控えめに。塗りムラは日焼けの原因となるので注意が必要です。

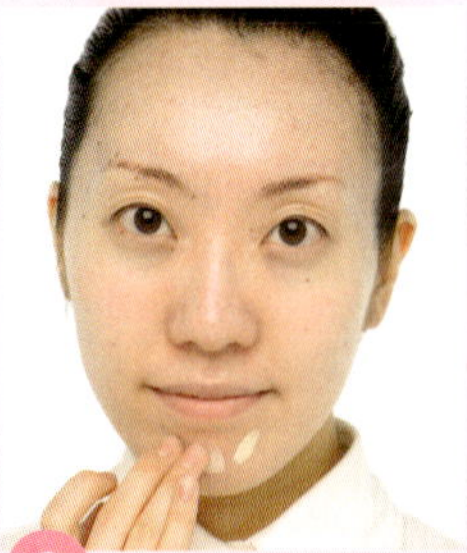

2 コントロールベイス

頬に赤みが出やすい吉永さんには「スキンビューティ コントロールベイス Y」で、肌色の補正をします。全顔につけなくても、気になるところだけでＯＫ。これで透明感のあるきれいな肌色に導くことができます。

パウダリーファンデ

After

Before

読者モデル 依田香織さん
（立教大学3年生）

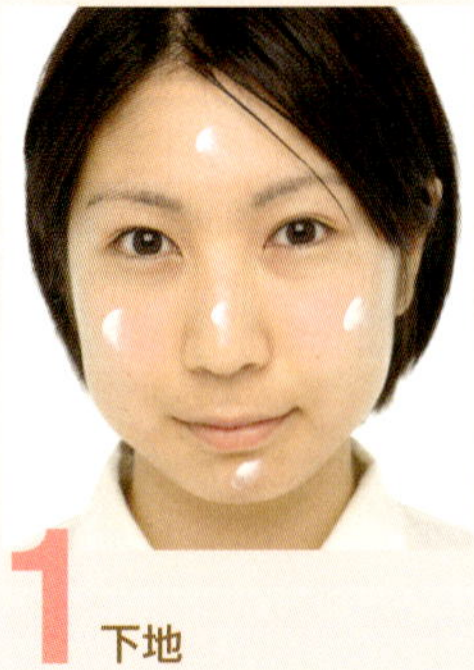

1 下地

日焼け止めの効果もある「プロテクター デイシェルター ブライトビジョン」を顔の5ヶ所にのせ、ていねいになじませます。やや乾燥肌の依田さんは乾燥を防ぐ意味もあるので、念入りに。ムラのないよう、顔全体に塗布することが必要です。

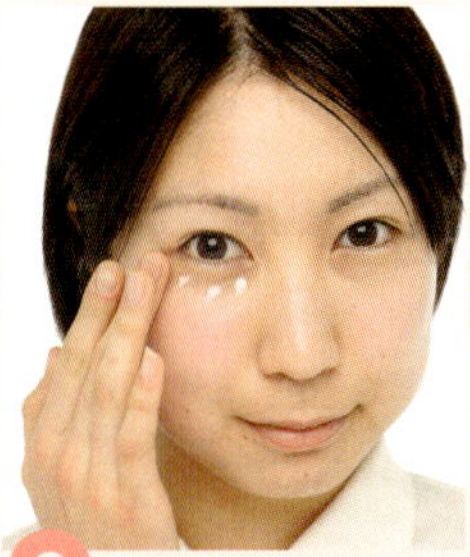

2 コントロールベイス

黄くすみの傾向のある依田さんには「スキンビューティ コントロールベイス P」で肌色の補正をします。頬以外のくすみが気になる目の周りと口元に使用し、これで色ムラを整え、透明感のある肌色に導くことができます。

3 コンシーラー

鼻の周りや頬など毛穴が目立つところはコンシーラーで隠します。使用したのは「ホワイトプロテクトC　クリエイティブコンシーラー」。肌色に合わせて、パレットで混ぜてから肌にのせ、なじませます。

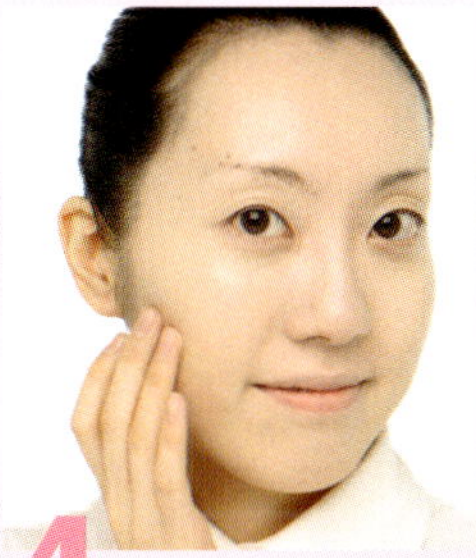

4 ファンデーション

「エッセンスイン　クリームファウンデイション(102)」を指にワンプッシュし、顔の中心から外側に向けてのばします。表面積の大きい額や頬、顎から始めて、徐々に細部へ。細かいところをうまく塗るポイントは指先でていねいに塗ること。

5 パウダー

「スキンビューティ ルースパウダー 1」を顔の下から上に向かってうぶ毛を起こすようにはたきます。粉は2枚のパフでもみこむようにするとムラなく均一に仕上げることができます。

3 ファンデーション

元々、健康的な肌色の依田さんには「ホワイトプロテクトC パウダリーファウンデイション(103)」を使用。表面積の大きい頬や額、顎から、細かい目の際、小鼻などにかけてファンデーションを重ねていきます。

4 ファンデーションのこつ

目元や小鼻など細かいところはスポンジを折って、角できっちりと抑えましょう。

コンシーラー

シミやニキビ、ニキビ跡をサッと隠すことができるのがコンシーラー。肌トラブルの強い味方です。使い方はカンタン！　気になる部分にのせてなじませるだけ。一度にたくさんつけず、様子を見ながらなじませれば、きれいに隠れます。上手に使いこなしてきれいなベースを作り上げましょう。

一般企業 ▼▼▼ P100

CA ▼▼▼ P102

ナチュラルメイク

Natural Make up

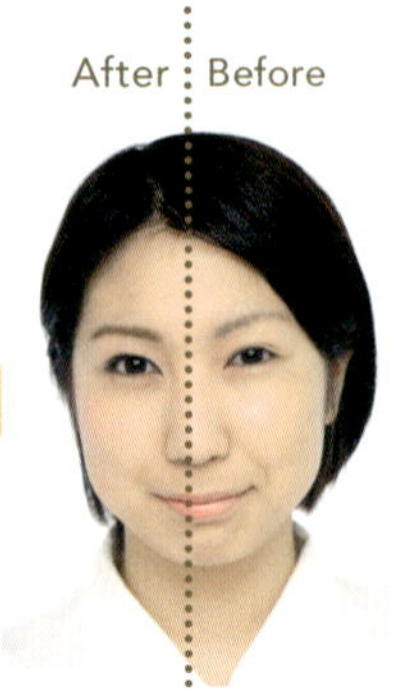

就職活動で求められるのは、健康的で清潔感あふれるメイク。濃すぎず薄すぎず、面接官が好感を抱くナチュラルメイクを紹介します。

←右半分はベースメイクのみ、左半分はメイク完成後。ナチュラルでありながら、すっぴんとは違うきちんと感が漂います。

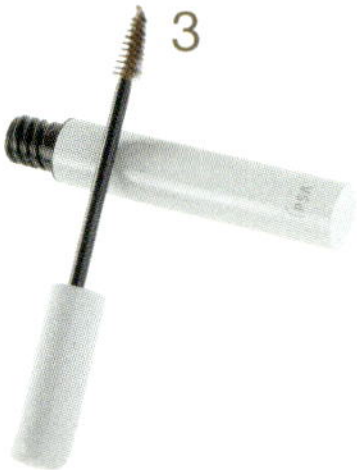

1 アイブロウ

就職用のナチュラルメイクは細すぎない、やや太めの眉が最適。眉尻を伸ばして、長くせず、いつもよりちょっと短いかなと思うくらいでOKです。

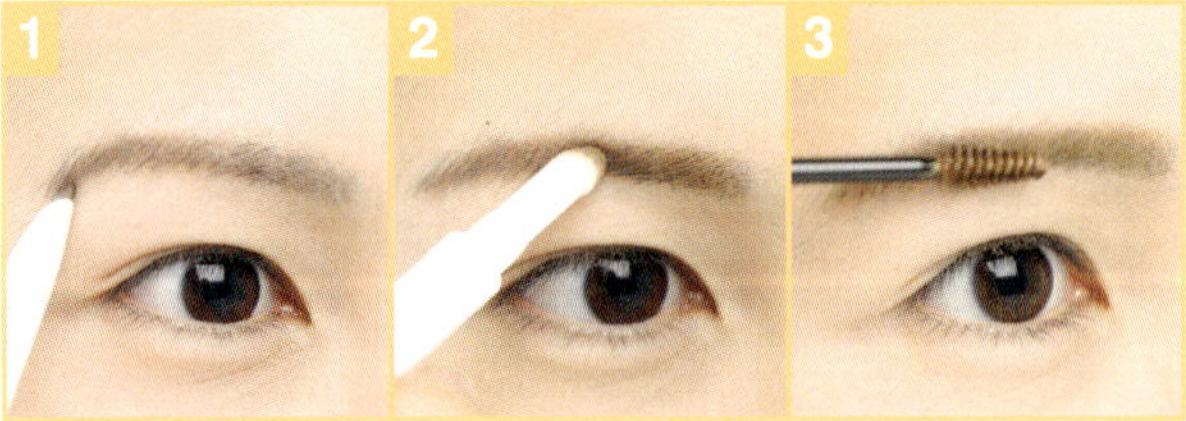

1 「オプティマムバランス アイブロウ(VBB)」はパウダーとライナーがひとつになったもの。まずライナーで眉山から眉尻にかけて描きます。山は角を作らず、なだらかになるよう心がけて。

2 パウダーを使って眉頭から描いていきます。眉全体が細くなりすぎないようバランスを整えます。

3 最後に「オプティマムバランス ボリュームダウンアイブロウマスカラ(VBR)」を使って毛流れと色を整えます。

2 アイライン

アイラインは黒ではなく、茶色を選ぶことでやわらかい印象に。目を大きく見せようとして、丸く囲むと逆に小さく見えるので注意！

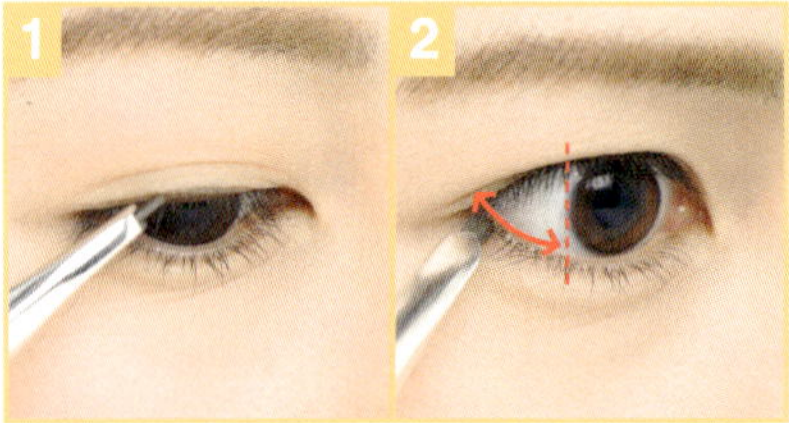

1 極細のラインが引ける「スーパーファイン　アイライナー(HBR)」で上部分の目頭から目尻に向かってアイラインを引きます。

2 目の下部分は目尻側の1/3を目安にラインを入れます。目の下の全部にラインを引かず一部を残しましょう。

3 アイシャドウ

アイシャドウの色はピンクやベージュなどが無難ですが、とくに決まりはありません。ただし面接の場合、派手な色やラメ、パールは避けましょう。

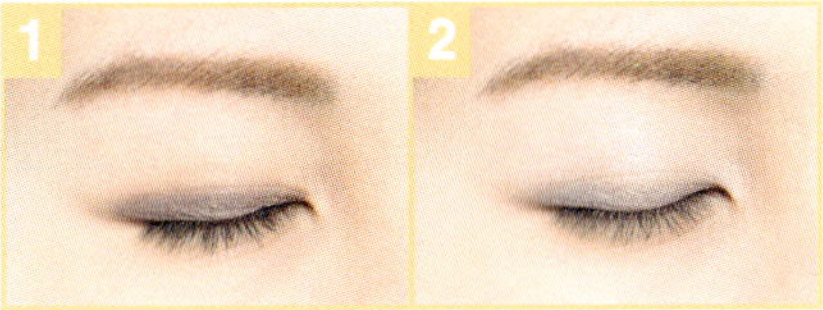

1 落ち着いた色味の「デュアルアイカラー（H02）」を使って、二重の幅に濃い色を塗ります。チップをまぶたのきわで横に滑らせて色を置き、その後、下から上へとのばします。

2 濃い色のさらに上にうすい色を塗ります。濃い色との境目ができないように、チップを使ってぼかしていきます。

4 マスカラ

マスカラを塗る前にはビューラーで、まつげをカールさせておきましょう。目を大きくしようとして、必要以上につけすぎないよう注意が必要です。

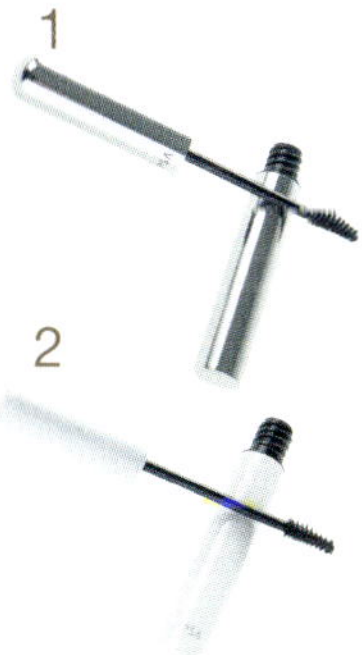

1「エッセンス　マスカラベイス」を下から上へとまつげ全体に塗ります。

2「オプティマハバランス　ボリュームアップ マスカラ（VBK）」は根元からしっかりとつけて、毛先に向けてブラシを揺らしながらつけていきます。まつげがばさばさでは派手な印象になります。つけ過ぎたりダマになったらコームで整えて。

5 チーク

華やかな印象を与えるチークは、やりすぎると逆効果になってしまいます。面接にはどれくらいが適当であるのか、しっかり加減を覚えましょう。

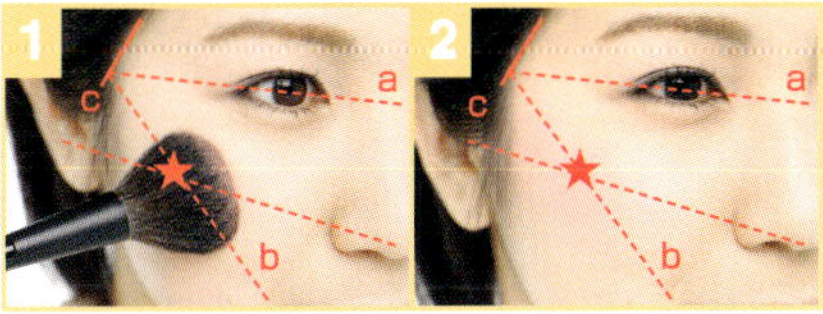

1 両黒目の中心を結んだ横の線（a）が生え際にぶつかる点と口角を結んだ線（b）と、鼻先と耳の中央を結んだ線（c）の交わるところ（★）を見つけます。

2 そこを中心にブラシをあて、髪の生え際に向かってスーッと滑らせるように塗ることで立体感が出ます。使用したのは「フェイスカラー（H652）」

6 リップ

もっとも女性らしさを演出できる唇。だからこそナチュラルメイクではリップラインをとらず、控えめに。グロスだけはNGです。

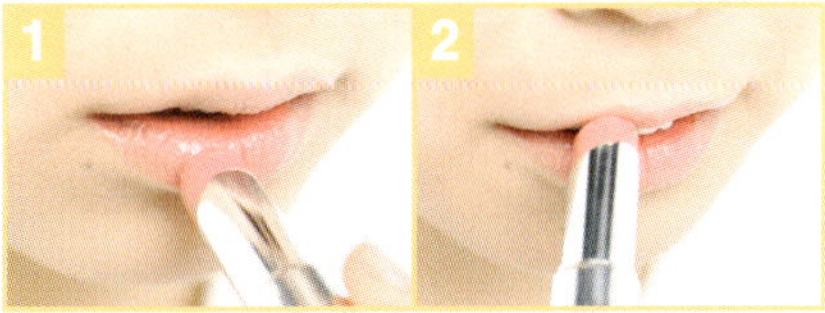

1 自然な印象に仕上げるためにリップラインは引かずに「エッセンス リップスティック（H852）」を唇の中心に当て左右に塗ります。

2 口の端など細かいところに塗り残しがあると目立つので、リップスティックの角できれいに塗りましょう。

CAメイク

Cabin Attendant Make up

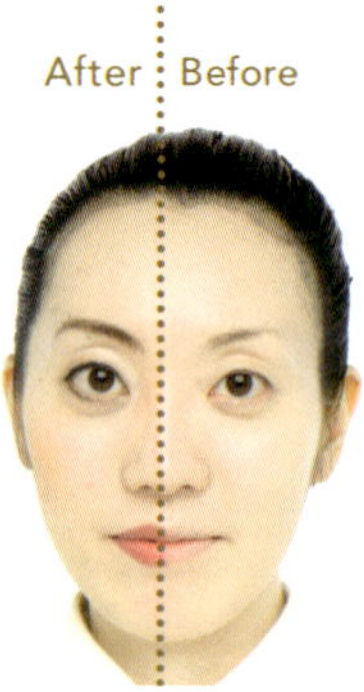

CA受験生に求められるのは、今すぐ飛行機に乗れるメイク。チークとリップをやや濃い目にいれ、信頼できる大人の女性を演出するメイクを紹介します。

←右半分はベースメイクのみ、左半分はメイク完成後。パーツをきちんと描くことで、暗い機内でも華やかに見えます。

1 アイブロウ

印象的な表情を作るのに欠かせない、眉。薄い人は必要があれば、色を足すことで、意志の強い眉を演出しましょう。

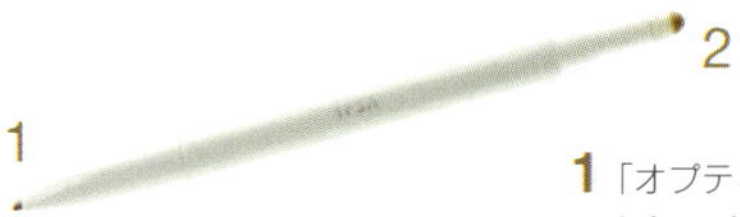

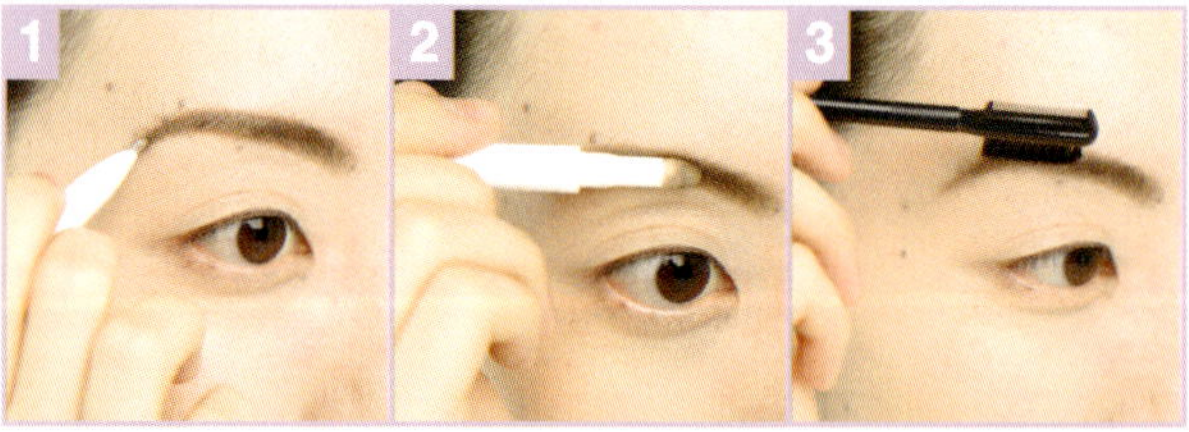

1「オプティマムバランス アイブロウ(VBB)」はパウダーとライナーがひとつになったもの。これを使って、まずライナーで眉山から眉尻にかけて描きます。面長な吉永さんはスーッと横に引いて長さを出すようにします。

2 眉間の幅がやや広めの吉永さんの場合は、次にパウダーを使って眉頭をぼかし、眉の長さを出すように描きます。

3 最後にブラッシュとコームを使って毛並みを整えます。

2 アイシャドウ

CAメイクの場合は華やかさが必要なので、ベースをしっかりとつくって、色を重ねていきます。派手になり過ぎない上品さを身につけましょう。

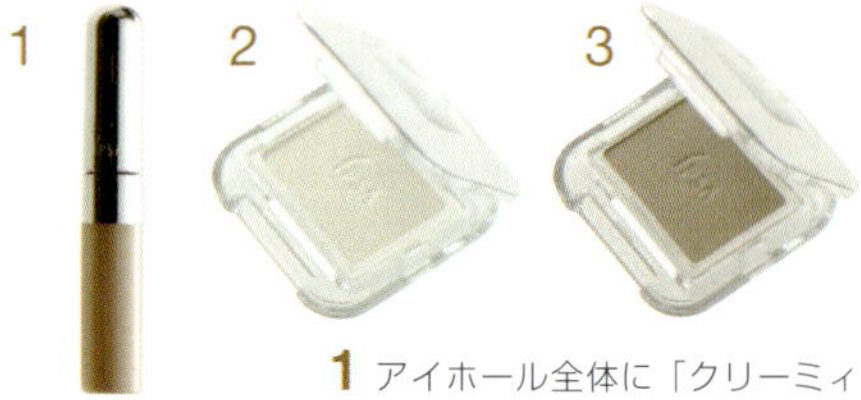

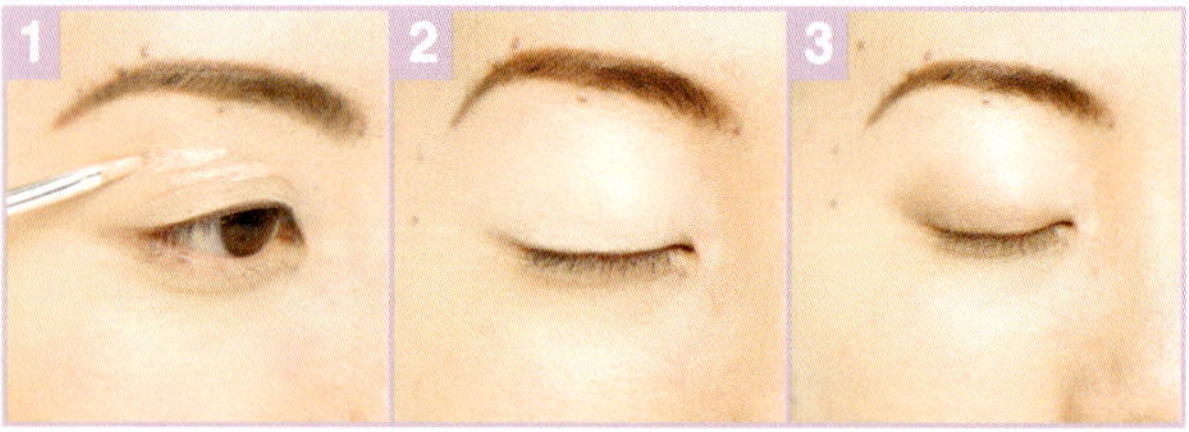

1 アイホール全体に「クリーミィアイカラー(H761)」を適量つけ、指先でなじませます。クリームシャドーは発色も明るく、色持ちもします。

2「フェイスカラー(E912)」をアイホールに重ねます。

3 最後に少し濃いめの「フェイスカラー(E132)」を目の際につけ、立体感を出します。

3 アイライン

黒のリキッドライナーを使った、強くて印象的なアイライン。アイシャドウの後にアイラインを入れることで、きちんと感をより際立たせます。

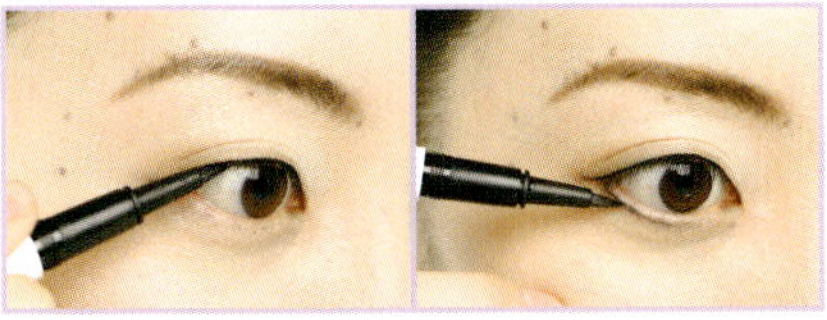

1 太いラインから繊細なものまで自在な「オプティマムバランス アイフレームライナー（VBK）」で上部分の目頭から目尻に向かってアイラインを引きます。

2 目の下部分は黒目の外側を目安に1/3ほどラインを入れます。目の下の全部にラインを引かず一部を残しましょう。

4 マスカラ

マスカラを塗る前にはビューラーで、まつげをカールさせておきましょう。目を大きくしようとして、必要以上につけすぎないよう注意が必要です。

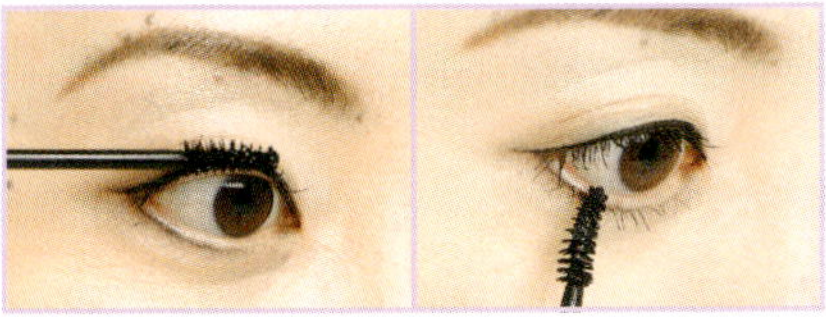

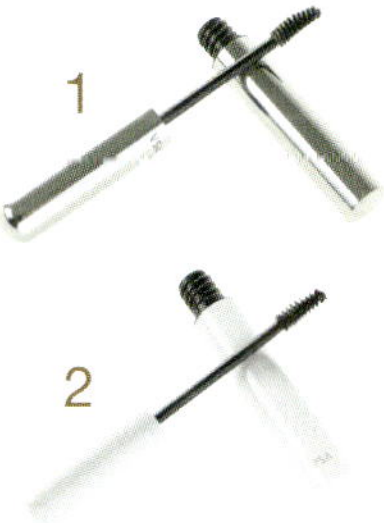

1「エッセンス　マスカラベイス」を下から上へとまつげ全体に塗って整えます。

2「オプティマムバランス ボリュームアップ マスカラ」は根元にしっかりとつけて、定着させます。まつげがばさばさでは派手な印象になります。もしつけ過ぎたらコームで落として。

5 チーク

暗い飛行機の中でも健康的に見えるようにチークはやや濃い目に。色味は、自分の肌色と面接を受ける航空会社の制服から浮かない色を選びましょう。

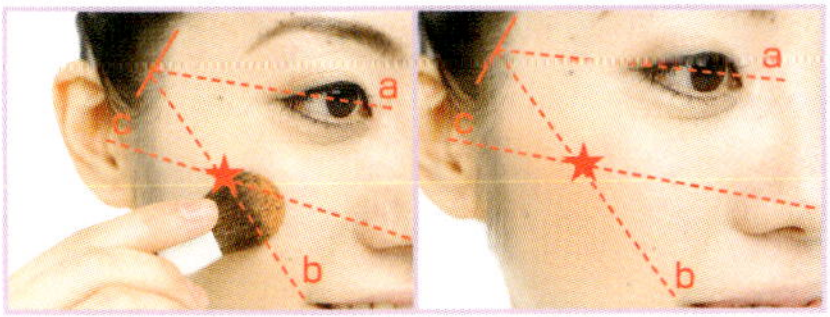

1 チークを入れる前に位置の確認をします。両黒目の中心を結んだ横の線(a)が生え際にぶつかる点と口角を結んだ線(b)と、鼻先と耳の中央を結んだ線(c)の交わるところ(★)を見つけます。

2 そこを中心にブラシをあて、髪の生え際にスーッと滑らせるように塗ることで立体感が出ます。使用したのは「オプティマムバランス フェイスカラーパレット（VⅢ2）」

6 リップ

CAメイクのときにリップライナーは必需品！ライナーをきちんと引くと、表情に締まりが出てきます。口角は上げ気味に描いて、明るい印象に。

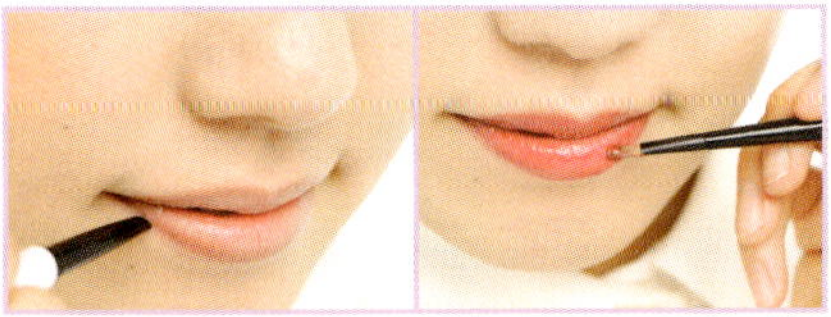

1 リップライナー「オプティマムバランス リップフレームライナー V5」で唇の輪郭をとります。このときに口角をやや上げ気味にします。

2「エッセンス リップスティック（E641）」はブラシを使って唇の中心に当て、左右に塗りこんでいきます。

スキンケア

Skin Care

クレンジング

　メイクをすることには一生懸命になっても落とすことも重要だと認識している人はあまりいません。面接から疲れて帰ってきてメイクをしたまま寝てしまうなんてもってのほか。これではどんなにスキンケアをしたとしても、肌トラブルをなくすことはできません。とくに就職活動の際に求められるナチュラルメイクはアイシャドウやマスカラを控え目にするので、普段のメイクよりも肌の状態が目立ちます。メイクは前夜から始まっていると考え、ていねいに行いましょう。

　まず、目元と口元のポイントメイクを専用のリムーバーで落とします（詳細は後述）。次に、軽くマッサージするようにクレンジング剤をなじませます。小鼻のわきなど汚れが落ちにくいところは、指の腹でていねいに。このとき、強くこするのは逆効果です。やさしくなじませメイクが浮いてきたら、水かぬるま湯できれいに流しましょう。

クレンジングの POINT

●アイメイク

　マスカラは普通のクレンジングだけでは完全に落とすことが難しいものです。ゴシゴシとこすってしまうと、皮膚が薄いので色素が沈着してクマの要因になってしまうことも。専用のリムーバーを使いましょう。専用のリムーバーを染みこませたコットンと綿棒で、まつげを挟み、なじませながら根元から毛先へ向かってスーッと拭き取ります。アイラインは同じくリムーバーをしみこませた綿棒でていねいに浮かし、コットンで拭き取ります。

●リップメイク

　普段、薬用リップとグロスしかつけないという人にとって、リップメイクは「気が付くと落ちているもの」という感覚かもしれません。しかし就職活動中は、口紅をつけますので、口元も専用のリムーバーを使う必要があります。リムーバーをしみこませたコットンで、唇の縦のシワの隙間までしっかりと落としましょう。

洗顔

顔全体を水かぬるま湯で濡らし、洗顔料を泡立てて顔に乗せます。手のひら全体が泡で隠れるくらいの泡立ちを目安にし、たっぷりの泡で包み込むようにして、顔のすみずみまで洗います。うまく泡立てられない人は泡立てネットを使用しましょう。

洗顔料が残ると肌荒れの原因にもなるので、水かぬるま湯でていねいに洗い流します。流し終えたら、清潔なタオルで顔の水気をとります。ゴシゴシとこすって「拭く」のではなく、顔にタオルを軽く当てて「水気をとる」のがポイントです。

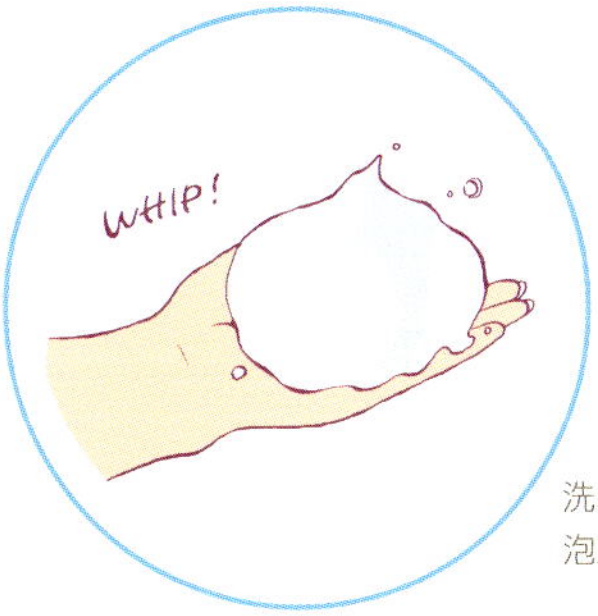

洗顔料は左のイラストが泡立ての目安

Column・・・ クレンジングの種類

何を使えばいい？
油分のあるメイクを落とすにはクレンジングが不可欠です。オイル、ジェル、ミルク、ローションなどクレンジングにはさまざまな種類があり、迷ってしまう人もいるでしょう。目元や口元は専用のものを使うとして、基本はメイクの度合いや肌質に合ったものを選ぶことが肝心です。

オイル・クリーム

「オイル」や「クリーム」によるクレンジングはメイクとのなじみも早く、よく落ちるのでCAなどのしっかりとしたメイクを落とすのにぴったりです。

ミルク・ジェル

ナチュラルメイクを落とすには水分と油分のバランスがとれた「ミルク」が人気。また、水分ともなじみがよい「ジェル」は濡れた手で使えるものも多く、不慣れなビギナーにも評判です。

拭き取りシート

クレンジングを染みこませたシートタイプは、疲れて一刻も早くメイクを落としたいという場合や旅行・出先などでメイク用品をあまり持っていない場合などに便利です。

基本のスキンケア＆トラブルケア

Basic skincare &Trouble care

保湿

よく面接の直前になって、肌トラブルで慌てる受験生がいます。就職活動中はどうしても寝不足になりがちで、いつも以上に肌に負担がかかります。肌の状態を一晩で元に戻すことはできません。毎日のスキンケアが大切なのは、言うまでもありません。

ていねいに洗顔したら、次は保湿です。毎日のスキンケアは、とくに高価な化粧品でなくとも、使用量を守って正しく使うことが大切です。

スキンケアに時間をかけられない、何を使えばよいか分からないという人にはメタボライザーがおすすめ。化粧水、乳液、美容液のカテゴリーを超え、基本的なスキンケアの効果が１本に凝縮しているので、慣れない人でも使いやすいです。

メタボライザー

スキンケアに欠かせない効果を1本に凝縮した化粧液。全18タイプの中から、ひとりひとりの肌の水分保持力や皮脂分泌力などに合わせてぴったりの1本が選べます。

トラブルケア

就職活動中の学生からよく聞く肌トラブルの悩みに応えるアイテムを紹介します。プラスアルファのケアが必要な人は参考にしてください。

オイリー肌

エッセンス
Tゾーンマットコントロール

テカリを防ぎ、透明感のあるマットな肌を実現する美容液。メイク直しの際は、メイクの上からなじませ、上にパウダーを重ねることで脂うきを防ぐことができます。

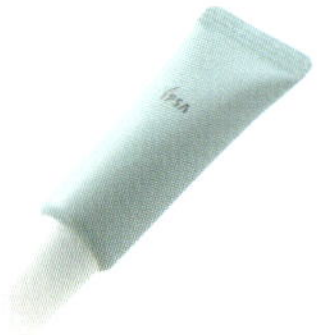

乾燥肌

ザタイムリセット
エッセンス

"トラブルゼロの赤ちゃん肌"をコンセプトにつくられた高保湿美容液。肌をうるおいで満たしながら色ムラのない、つるつるすべすべの肌に整えます。

日焼け

リファイナー
マスクフェアホワイト EX

美容液1本分の美白＆美肌成分を閉じ込めた全顔用マスク。日焼け後の集中ケアに取り入れることで、みずみずしく透明感の高い肌へ導きます。

ニキビ

エッセンス
ピンプルクリア　AD

ニキビのできにくい肌に導く美容液。ニキビの原因となるアクネ菌を抑え、ニキビを予防するとともに、すでにできてしまったニキビの色素沈着を防ぎます。

メイク直し
Redecorate

Step.3
ポアレス リタッチパウダー
（メイク直し用パウダー）
Step.2
プロテクター　スキンチューナー
（ミスト状化粧水）
Step.1
オイルブロッティングペーパー
（脂とり紙）
Step.5
エッセンス　リップスティック
（リップ）
Step.4
オプティマムバランス
フェイスカラーパレット
（チーク）

朝、家を出る前にカンペキにメイクをしても、移動や食事をしているうちにメイクは崩れてしまいます。面接会場に入る直前にもう一度メイクを見直してみましょう。

まず、鏡の前に立ち、崩れている部分や足りない部分をチェック。むやみにファンデーションを重ねると、せっかくのナチュラルメイクが台無しです。必要なところにだけ重ねるのがメイク直しの基本。全部をやり直すのではなく、あくまでも全体のバランスを見て補正するものと考えましょう。

Step.1 脂とり紙で額や鼻、頬などテカっている部分を軽く押さえます。こすってはダメです。皮脂を取りすぎると肌の脂分が不足して、乾燥を引き起こしたり、化粧のりが悪くなる原因となります。

Step.2 スプレー式の化粧水などを用いて、うるおいを与えます。さらに、粉がふいた部分にスプレーして、そっと手のひらで押さえます。水分と手のあたたかさにより肌がしっとりしてきます。

Step.3 崩れた部分を補正しながら、明るさの足りない部分にパウダーをのせます。Tゾーンや小鼻のよれがひどい時は、スプレー式の化粧水をスポンジに吹きかけ、崩れた部分のファンデーションをぬぐい、パウダーを重ねます。

Step.4 なんとなく元気がなく、血色が足りないように見えたら、チークをさっとひとふで入れ、赤みを加えます。メイクアップのページで紹介したように、頬の起点となる★印から外に広げます。

Step.5 リップはすぐに化粧崩れがわかるポイント。リップスティックで唇全体にていねいにつけます。CAメイクの人も、リップラインの色落ちが気にならなくても、リップスティックで塗り直しましょう。

使用アイテム一覧

Item

p98～p107で紹介したアイテムの一覧です。これからメイク用品を購入しようと考えている人は参考にしてください。ファンデーションのタイプやアイシャドウの色は、それぞれ自分に似合う色があります。本書にご協力いただいたIPSAのカウンターでは、肌質にあったスキンケア、ファンデーションをプロのアドバイザーが選んでくれます。また、メイクに慣れていない人はカウンターでカウンセリングを受けながら、肌色や顔の立体感に応じたメイクアップのアドバイスも受けられます。

98-99	ベースメイク	(円)
リキッドファンデーション(CAメイク)		
1	プロテクター デイシェルター ブライトビジョン(日焼け止め乳液) SPF30・PA+++	4,200
2	スキンビューティ コントロールベイス Y(イエロー) SPF13・PA+	2,940
3	ホワイトプロテクトC クリエイティブコンシーラーSPF25・PA+++	3,675
4	エッセンスイン クリームファウンデイション(102)SPF15・PA+	4,200
5	スキンビューティ ルースパウダー 1	4,725
パウダリーファンデーション(ナチュラルメイク)		
1	プロテクター デイシェルター ブライトビジョン(日焼け止め乳液) SPF30・PA+++	4,200
2	スキンビューティ コントロールベイス P (ピンク) SPF13・PA+	2,940
3	ホワイトプロテクトC パウダリーファウンデイション (レフィルのみ) SPF25・PA+++	4,200
	別売コンパクト	1,575

100-101	ナチュラルメイク	
1	オプティマムバランス アイブロウ (VBB)	3,675
1	オプティマムバランス ボリュームダウン アイブロウマスカラ (VBR)	2,625
2	スーパーファイン アイライナー (HBR)	2,625
3	デュアルアイカラー (H02)	2,100
4	エッセンス マスカラベイス	3,150
4	オプティマムバランス ボリュームアップ マスカラ(VBK)	3,150
5	フェイスカラー (H652)	2,100
6	エッセンス リップスティック (H852)	3,150

102-103	CAメイク	
1	オプティマムバランス アイブロウ (VBB)	3,675
2	クリーミィ アイカラー (H761)	2,625
2	フェイスカラー (E132) (E912)	各2,100
3	オプティマムバランス アイフレームライナー(VBK)	3,150
4	エッセンス マスカラベイス	3,150
4	オプティマムバランス ボリュームアップ マスカラ(VBK)	3,150
5	オプティマムバランス フェイスカラーパレット (VⅢ2)	4,725
6	オプティマムバランス リップフレームライナー(V5)	2,625
6	エッセンス リップスティック (E641)	3,150

106	スキンケア	
化粧液	メタボライザー(5種18本)	5,250～7,875
にきび	エッセンスピンプルクリアAD	3,360
オイリー肌	エッセンスTゾーンマットコントロール医薬部外品	3,675
乾燥	ザタイムリセット エッセンス (30ml) 医薬部外品	8,400
日焼け・美白	リファイナーマスクフェアホワイトEX医薬部外品	4,725

107	メイク直し	
1	オイルブロッティングペーパー	420
2	プロテクター スキンチューナー	1,890
3	ポアレス リタッチパウダー (レフィルのみ)	2,940
	別売コンパクト	1,575
4	オプティマムバランス フェイスカラーパレット (VⅢ2)	4,725
5	エッセンス リップスティック (E641)	3,150

IPSA

IPSAでは、肌の状態を測定する「イプサライザー」を使い、ひとりひとりにあったスキンケア、メイクアップのレシピを作成しています。メイクに関して不安やお悩みのある方はぜひIPSAのショップにお立ち寄りください。お近くにショップがない方のため、オンラインカウンセリング、通信販売も行っています。www.ipsa.co.jp

通信販売に関するお問い合わせ、カタログのご請求
0120-860523 10：00～17：00 (土日祝日を除く)
商品、その他に関するご質問、ご意見
0120-523543 10：00～18：00 (土日祝日を除く)

▼イプサライザー測定画面例

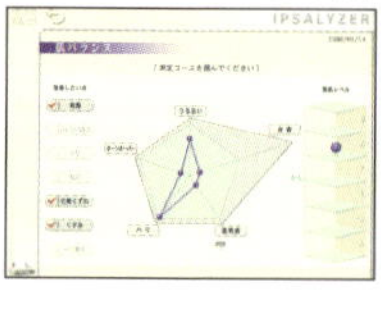

身だしなみチェック

Check

スーツ

- □ サイズはあっているか
- □ インナーのデザインが派手すぎないか
- □ アクセサリーが大きすぎないか

手

- □ 爪、指先の手入れはできているか
- □ ネイルの状態は問題ないか

ストッキング

- □ 肌の色にあっているか
- □ 伝線していないか

パンプス

- □ つま先、かかとが削れていないか
- □ きちんと磨いてあるか
- □ 革が伸びてしまっていないか

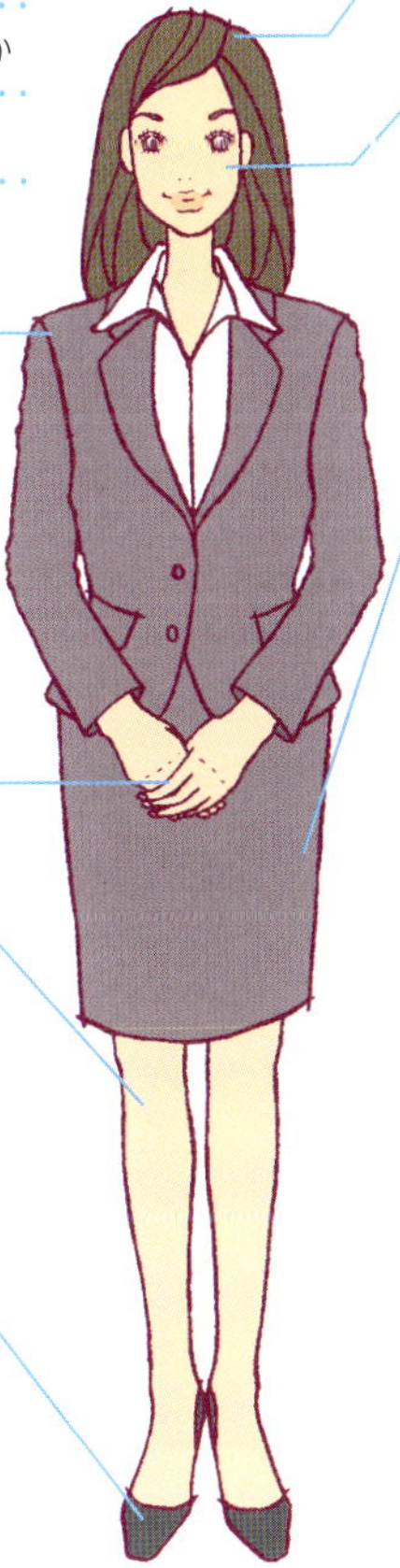

ヘアスタイル

- □ 前髪が目にかからないか
- □ おじぎをしても髪の毛が落ちて来ないか
- □ おくれ毛が出ていないか

メイク

- □ ポイントメイクが濃すぎないか
- □ ベースメイクが崩れていないか

スカート

- □ 丈が短すぎたり長すぎたりしないか
- □ 座りジワがついていないか

持ち物

- □ 履歴書、エントリーシートなどの書類
- □ 筆記用具
- □ 替えのストッキング
- □ メイク直し道具
- □ ハンカチ、ティッシュ

あとがき

私は新しいものを取り入れることが大好きで、何にでも興味を持つ性格ということもあり、日頃から便利なものは積極的に試しています。中でも、とても便利で、なくてはならないモノは、インターネットと携帯電話だと思っています。インターネットを使えば、知りたい情報を瞬時に集めることができますし、いつでもどこでも家族や友人と繋がることができます。時には面識のない人とさえ、やりとりができてしまいます。

ですが、そんな簡便なコミュニケーションに慣れ親しんだ世代からすると、普段話す機会のない人たちに、自分のよさを分かってもらうことは、どれだけ難しいことなのか？

実際に面接指導やセミナーでお会いすると、自分の言いたい事がうまく伝えられず、四苦八苦している方が多くいます。とはいっても、就職活動、特に面接試験は人前で話すことがそれほど苦にならない私にとっても難しく感じられたものです。

私は仕事柄、海外のいろいろな国を訪れ、世界中の人たちと言葉を交わす機会が多くありました。改めて外から見ることで、日本語について客観的に考えることができました。同じことを伝えるにしても、言葉を使い分け、少しずつ違ったニュアンスを表現することができるなんて、日本語は何て表現豊かな素晴らしい言葉なのだろうと感じたものです。

でも、だからこそ、日本語を上手に使い分け、自分の思いや考えを伝えることは難しいのかも知れません。ちょっとした言い方や伝え方、言葉の選び方によって、全く違った印象を相手に与えてしまうのですから。

この本では、面接で大切なことについて触れてきましたが、読者の方々にぜひおすすめしたいのが、I《アイ》メッセージ（自分を主語にしてメッセージを伝える方法）で考えることです。

面接官の中には、ひとつの答えに対して、何度も繰り返し質問を投げかけてくる人もいます。こういう面接官こそ、あなたにIメッセージで伝えるチャンスを与えてくれている親切な人です。

この本で紹介している内容は、あくまでも基本的な考え方とヒントばかりです。あとは、あなたが自分なりに応用して、実際の面接で「自分らしさ」をいかに伝えるか――それが、何よりも大切なことです。

最後になりましたが、この本を書く機会を与えてくださったブックマン社の木谷仁哉社長、納得いくまで書き直しを繰り返していた私をずっとサポートしてくださった編集部の山口美生さん、メイクページに快く御協力くださった株式会社IPSAの皆さん、素敵なイラストを書き上げて下さったMonicaさん、17時間の時差がある遠くバンクーバーから親身に相談に乗ってくださった荒井司さん、英語についての資料提供をして下さった喜嶋美子さん、毎月の勉強会で出逢う客室乗務員志望の受験生の皆さんとその活動を応援してくださっているサポーターの皆さん、そして、この本を手に取って下さったあなたに、心から感謝の気持ちを伝えたいと思います。本当にありがとうございました。皆さんとの出逢いをこの本という形で残すことは、私の夢のひとつでした。こうして、またひとつ夢を叶えられたことを幸せに思っています。

長尾　円

著者　長尾 円（ながお まどか）

大妻女子大学短期大学部英文科卒業。

日本航空株式会社（現在は株式会社日本航空に社名変更）客室乗務員として約10年間勤務。総フライト時間は、約6000時間。 在職中、実際に乗務した航空会社は、日本航空（国際線・国内線全路線）以外にタイ国際航空（大阪・名古屋・福岡＝バンコク線）、カナディアン航空（名古屋＝バンクーバー線）、日本トランスオーシャン航空（東京＝那覇・宮古島線）、JALウェイズ（全路線）など。JALグループ株式会社JALウェイズでは、サービスインストラクターとして乗務の他、客室乗務員用マニュアル作成・改訂を担当。その後、研修講師・ビジネスコーチとして独立し、2004年有限会社ラプラス設立、代表取締役となる。

客室乗務員時代に独自に実践していた「質問」「フィードバック」を用いたサービス指導、部下育成の手法をベースに、米国式ビジネスコーチングの理論を取り入れ、「現場を変える」をモットーとした成果の見える研修が注目されている。女性に深くかかわる企業・組織・教育機関でのビジネスコーチング、ビジネスマナー、管理職マナー、女性スタッフ育成、次世代リーダー育成、女性リーダー育成、メンタルヘルス・コーチングを担当。ライフワークとして活動している航空業界への就職・転職志望者のための模擬面接勉強会（定期開催中）、CA受験対策セミナー（不定期開催）では、毎年JAL、ANAをはじめ、数多くの客室乗務員、空港グランドスタッフ、一流企業、人気企業への合格者を輩出し、その総数はエアライン内定者だけでも100名を超える。女性が自分らしく生きるためのサポートとして、後進育成活動にも積極的に関わる。

有限会社ラプラス
www.la-plus.com
www.la-plus.net
お問い合わせ先 ■ info@la-plus.com

著者 ● 長尾 円
カバーデザイン ● 大薮胤美（株式会社フレーズ）
本文デザイン ● 中橋聖華（株式会社フレーズ）
イラスト ● Monica
撮影 ● ヤマグチタカヒロ（人物）
中野幸英（商品）
メイク ● 山本みさ 升野美菜（株式会社イプサ）
メイクページ監修 ● 田巻見林子（株式会社イプサ）
DTP ● 株式会社 明昌堂
編集 ● 藤村 岳
山口美生（株式会社ブックマン社）
企画 ● 加藤 洋

女子面！
CAが教える面接必勝BOOK

2008年04月08日　初版第一刷発行

発行者　木谷仁哉
発行所　株式会社ブックマン社
〒101-0065　東京都千代田区西神田3-3-5
tel　03-3237-7777
fax　03-5226-9599
http:// www.bookman.co.jp

ISBN978-4-89308-684-6
印刷・製本　凸版印刷株式会社
PRINTED IN JAPAN